즉시 깨닫고
영원히 누리는 법

−참된 그 자리를 찾아서−

즉시 깨닫고 영원히 누리는 법 −참된 그 자리를 찾아서−

초판 1쇄 인쇄 2011년 08월 12일
초판 1쇄 발행 2011년 08월 19일

지은이 | 김현철
펴낸이 | 손형국
펴낸곳 | (주)에세이퍼블리싱
출판등록 | 2004. 12. 1(제315-2008-022호)
주소 | 서울특별시 강서구 방화3동 316-3번지 한국계량계측협동조합회관 102호
홈페이지 | www.book.co.kr
전화번호 | (02)3159-9638~40
팩스 | (02)3159-9637

ISBN 978-89-6023-654-7 03110

즉시 깨닫고
영원히 누리는 법

−참된 그 자리를 찾아서−

김현철 지음

ESSAY

부처께서 말(언어)로 전한 가르침은 교敎가 되었고 마음으로 전한 가르침은 선禪이 되었다. 왜 부처께서는 말이나 문자를 통하지 않고 따로 마음으로 가르침을 전했으며, 45년간의 설법을 하시고도 열반 즈음에는 "나는 한마디도 한 바가 없다."고 하셨을까?

이는 말과 문자에 따라붙는 중생의 분별심을 경계하신 것이다. 즉, 말과 문자에 얽매여 분별심을 일으키지 말고 일체만물을 분별없이 바라보아야 한다는 가르침을 꼭 전하고자 함이었다.

그런데 부처께서 깨달은 이후 하셨다는 최초의 독백은 너무나 충격적이다.

"내가 깨달은 이 법은 너무나 완벽하고 아무런 결점이 없다. 고요한 가운데 아주 오랫동안 깊이 시유해보아도 역시 그러하다. 그러나 사람들은 이를 쉽게 받아들이지 않을 것이다. 사람들은 자신의 의견만을 고집하고 자신의 생각에 집착한다. 그들은 집착을 당연시하고 집착을 기뻐하고 집착을 즐긴다. 그러므로 내가 이 법을 설하더라도 그들은 받아들이지 않을 것이다. 따라서 내가 법을 설하지 않고 열반하는 것이 법을 설하는 것보다 낫다."고 한 것이다.

그러나 제자들의 간곡한 청에 따라 설법을 시작하였고, 그 설법은 무려 45년간의 가르침으로 이어지게 된 것이다.

그럼에도 열반 즈음에는 "나는 한마디도 한 바가 없다."고 하셨다. 이 말은 곧, 말(언어)로써 전한 가르침 외에 마음으로 전한 가르침이 있다는 의미이다.

불립문자 교외별전 직지인심 견성성불不立文字 教外別傳 直指人心 見性成佛이라는 선禪의 종지는 여기에 그 근거가 있다.

이처럼 드라마틱한 부처의 가르침—마음으로 전한 가르침—은 마침내 그대에게도 전하여지고 있다. 이 가르침을 그대가 어떻게 받아들이느냐에 따라 대자유와 지극한 행복의 길이 열릴 수도 있고, 금생에는 인연이 닿지 못한 채로 생을 마감할 수도 있다.

그대, 깨닫고 싶은가? 정말 깨닫고 싶은가?
하루하루 세속적 욕망을 추구하며 열심히 살고 있는 것 같지만 한편으로는 여전히 불안하고 답답하고 괴로운가? 대자유인으로 지극한 행복을 누리며 살고 싶은가?

그렇다면 먼저 그대에게 한 가지만 당부하고 싶다.

많은 책을 읽지 말고 이런저런 수행법을 찾아 방황하지 말라는 것이다.

그대가 지금 교회나 사찰을 성실히 다니면서 종교생활을 하는 이라면 그곳에서 가르치는 진리의 말씀을 충실히 따르며 열심히 수행하면 될 것이다. 종교가 없는 이라면 굳이 종교를 가져야 할 필요는 없다. 진리는 특별한 이름, 특별한 수행법으로 고정된 것이 아니며, 깨달음의 길 역시 고정된 한 가지 길만 있는 것은 아니기 때문이다.

진리의 근본은 하나지만 이 지구상에는 이름과 모양이 각기 다른 수백 개의 종교와 수행법이 있다. 그것이 우리를 혼란스럽게 한다. 그러나 이는 진리가 수백 개라는 것이 절대 아니다. 달은 하나지만 수백 개의 강과 바다에 각각 달이 비춰지는 이치와 같다. 인연에 따라 각기 다른 장소에서 달빛을 보게 되지만 그 달빛의 근원을 찾아보면 '달'은 오직 하나일 뿐이다.

종교생활을 하건 하지 않건 이 책은 깨달음을 추구하는 이들에게 약간의 도움이 될 것이다. 특히, 부득이한 이유로 속세의 삶을 살아가고 있지만 깨달음과 진리추구에 대하여 출가자 이상으로 열정이 강한 도반들에게 이 책이 많은 도움이 되리라 믿는다.

단 사흘만이라도 이 책에 몰두해보라. 사흘 동안 이 책을 반복하여 읽어보기를 권한다. 처음에는 이 책을 '글자'로 읽고, 이윽고 책과 '대화'를 하는 마음으로 읽고, 나중에는 이 책의 '주인'이 된 기분으로 읽어보라.

그대 인생에서 단 사흘을 이 책에 투자하는 것이 그리 큰 낭비는 아닐 것이다. 그러니 어떤 일도 마음에 두지 말고 단 사흘이라도 이 책에 집중하라. 그 사흘의 투자로 인해 그대의 인생이 송두리째 바뀔 수 있다. 사흘의 시간을 바친 대가로 대자유와 지극한 행복의 길이 열릴 수 있다면 괜찮은 장사 아니겠는가?

나를 믿고 따르라. 적어도 나는 수많은 시간을 고뇌하였고, 수많은 시행착오를 직접 체험하였고, 수많은 경전을 섭렵하였으며 각종 수행법을 직접 연마하면서 오랜 기간 고통스런 과정을 거쳤다.

우리는 하루에도 몇 번씩 죽음에 관한 소식을 접하면서도 그것이 나와는 상관없는 남의 일로만 생각한다. 그러나 사람으로 태어나는 것이 쉽지 않으며, 죽음은 곧 나의 일이 된다. 금생에 사람 몸을 받은 것이 이미 큰 행운이며, 아직 죽지 않고 살아서 이런 글이나마 읽고 있는 것도 크게 감사할 일이다.

그대는 어디서 왔는가?

그대는 어디로 가는가?

부모님이 그대를 낳기 전에 그대의 본래 모습은 무엇인가?

중생의 삶은 억겁 전생의 업을 안고 시작되어 8만4천 가지 번뇌에 시달리는 현생으로 이어진다. 그러다가 남의 일로만 알았던 죽음이 임박하고 마침내 육신과의 인연이 다해질 때가 되면 마음은 천길만길 불안해지고 억만 가지 후회들이 몰려온다. 금생에 받은 이 몸을 벗으면 내생에 사람의 몸을 받는다는 보장이 없다. 금생에 생사해탈하지 못하고 이 몸을 벗으면 각자의 업장業障에 따라 축생, 아귀, 지옥의 윤회에 떨어지게 될 수도 있다. 설사 다시 사람의 몸을 받는다 해도 진리의 길, 깨달음에 이르는 가르침을 만나게 된다는 보장도 없다. 금생에 사람의 몸을 받았고 더구나 진리의 길을 알게 된 것은 천금보화를 받은 것 이상으로 복된 일이다.

사람의 몸을 받는 것은 참으로 귀한 인연이고 진리를 만나는 것도 쉬운 일이 아니니 이번 생에 깨치지 못하면 내생에 억겁의 윤회를 하며 번뇌 속에 살아가게 된다는 사실을 명심해야 한다.

그러나 대부분의 사람은 이 같은 진실을 오히려 믿지 못하고 의아해한다. 번뇌에 시달리며 한편으로는 생사해탈을 꿈꾸고 대자유와 영원한 행복을 갈구한다. 그러나 막상 그 길이 열렸을 때는 오히려 두려워하고 감히 나아가지 못한다. 이는 수많은 전생을 거치는 동안 쌓아온 중생의 습기習氣와 업식業識 때문이다. 길들여진 버릇대로 사는 게 편하고 적당히 분별망상하며 사는 것이 행복인 줄 알기 때문이다.

두 번 다시 기회가 없다는 것을 알고 사람 몸을 받은 금생에 필히 깨달아야 한다. 명심 또 명심할 일이다.

*** 도를 배우는 이들이여! 꿈같고 환상 같은 이 육신에 집착하지 말라. 나이가 들면 바로 무상으로 돌아간다. 무기력하게 습관을 따르며 쾌락을 좇아서는 안 된다. 시간은 아까운 것이고 생각은 덧없이 흘러간다. 그대의 몸은 지수화풍地水火風에 의지하여 생주이멸生住異滅 네 가지 모양으로 쉼 없이 흘러가고 있다. (임제록 중) ***

생명체로 존재하는 모든 것은 살아서 계속 존재(생존)하고 싶어 한다. 그러나 가장 고등한 생명체인 '사람'은 단순한 생존의 단계를 넘어서 보다 행복한 생활을 원한다. 그래서 지금보다 좀 더 부유하기를 갈구하며, 남들보다 좀 더 풍요롭게 살기를 추구한다, 이를 위해 오늘의 행복은 기꺼이 보류하면서 내일의 행복과 평안을 위해 살아가게 되는 것이다. 언젠가는 이러한 고통의 시간들도 다 보내고 행복만을 누리며 살아가는 평안한 날이 올 것이라 기대하지만, 그 날이 채 오기도 전에 불현듯 삶을 마무리해야 할 순간이 오고야 만다.

참으로 안타까운 일이 아닐 수 없다.

'행복'은 분명 우리가 살아가는 목적이며 지향점이다. 따라서 우리의 판단, 말과 행동 역시 우리의 행복에 가장 부합되도록 행해져야 할 것이며, '깨달음'이나 '진리추구' 역시 그 자체가 목적이 아니라 우리를 행복의 길로 인도할 수 있는 방편이 될 수 있느냐에 그 진정한 가치가 있다.

경쟁하지 않고 평안하게 살 수 있다면, 고통과 불안에서 훌쩍 벗어나 마음의 평안과 자유를 누릴 수 있다면, 나아가 유한한 생명체로서의 한계를 벗어나 영원히 존재할 수 있다면 우리는 그 길이 아무리 어렵고 힘들더라도 '깨달음'과 '진리추구'의 길을 가고자 할 것이다.

물론 큰돈이 생기거나 명예나 지위가 높아지면 일시적으로 자유롭고 행복할 수도 있을 것이다. 그러나 돈, 명예, 권력, 출세 등의 유위적有爲的인 조건으로 얻게 된 행복과 자유는 영원히 지속될 수 없으며 필연적으로 우리는 또다시 고통과 불안, 갈등과 시비로 이어지는 번뇌의 길을 겪을 수밖에 없다. 영원하고 확실한 행복의 길은 오로지 '깨달음'과 '진리추구'에 있는 것이다.

깨달음! 그러나 어디로 가서 무엇을 해야 깨달음을 구할 수 있을까?

종교단체도 너무 많고 수행단체도 부지기수다. 정직하고 올바른 곳도 많겠지만 종교의 이름을 오염시키는 사이비 도인道人과 사기꾼들이 창궐하고 있다. 심지어는 큰 교회의 목회자와 장로들이 돈과 권력을 두고 다툼을 벌이기도 하고, 정통 종단의 승려증을 갖춘 머리 깎은 수행자조차 천도재와 기복의식으로 돈벌이를 하기도 한다. 깨달음을 구하여 수행하고자 하는 이들에게는 참으로 기막힌 일이 아닐 수 없다. 수행이 힘든 것이 아니라 수행으로 향하는 길 자체가 속세의 일 이상으로 어렵고 험난하다.

올바른 수행처를 찾아도 문제는 끝나지 않는다.

많은 시간을 들여 경전을 공부해야 하고 수행법도 익혀야 한다. 세상은 바삐 돌아가고 마음은 털끝만큼의 여유도 없건만, 깨달음에 대한 보장도 없이 그저 시키는 대로 경전 공부도 하게 되고 기도, 명상, 참선, 염불, 주력, 간경 등 이런저런 수행을 하면서 세월을 보내게 된다. 어렵게 수행을 계속하더라도 문제는 종종 발생한다. 수행으로 익어가는 경지 이상으로 속세의 현실은 공부에 뜻을 둔 구도자를 더욱더 절망케 하고 타락의 길로 인도한다. 또한 오롯이 수행을 하다가도 "수행은 다만 마음을 닦는 공부일 뿐, 깨닫게 되어도 세속적인 성공이나 행복과는 무관하다."는 스승들의 말은 종종 수행자들을 허탈하게 만든다.

나는 진리추구와 현실적 행복의 공존에 대해 오랫동안 고민해왔다.

진리가 그렇게 먼 곳에 있고 어려운 것일까?

쉽게 수행하고 쉽게 깨닫는 길이 과연 없을까?

진리를 추구할 뿐만 아니라 세속적인 행복도 함께 보장되는 구도의 길은 정말 없는 것일까? 원하는 이에게는 손쉽게 진리의 세계가 문득 열려지고, 그 안에 들어서기만 하면 행복이 보장된 그런 경지가 있으면 얼마나 좋을까?

철없는 고등학교 시절부터 시작된 이러한 고민은 세속의 생활을 영위하면서도 그 해결책을 찾는 여정이 이어졌다. 성당과 교회 등을 기웃거리며 수년간 기독교와 성경공부에 몰입하기도 했으며, 이후 자연스럽게 불교 경전에 심취하기도 했다.

오로지 진리와 깨달음을 구하였다. 어떤 이름이나 모양을 고집하지는 않았다. 진리가 특정 종교나 특정 수행법의 이름으로만 불려야 한다고 생각하지 않기 때문이다. 성경과 불경에 이어 동양철학과 서양철학의 여러 이론, 인도 성자들의 가르침, 명상과 단식, 초기불교경전과 위빠사나, 화두참선, 주역, 명리학에 이르기까지 이런저런 테마를 가지고 많은 시간과 노력을 쏟아 붓기도 하였다. 그런 20여 년의 세월을 거쳐 마침내 2004년 8월경, 이 문제에 대한 궁극적인 해결을 보게 되었다.

이후 세속생활을 계속해 나가면서 인연이 닿는 이들에게 나의 체험과정을 소개하곤 하였다. 근기 있는 이들로부터 즉각적인 호응을 얻기도 하였고, 특히 깨달음과 세속생활의 행복을 함께 누리고 싶어 하는 재가자들에게는 탁월한 효과가 있음을 알게 되었다. 이 책은 보다 많은 이에게 이러한 경험을 공유하기 위해 쓰였다.

이 책이 탄생한 것은 같은 길을 가고 있는 도반들이 나와 같은 시행착오나 고통의 세월 없이 깨달음의 길로 쉽게 안내하고 싶은 대원大願에서 비롯된 것이다. 가급적 시행착오 없이, 되도록 시간과 정력의 낭비 없이 보다 많은 도반이 하루 속히 깨달음의 길로 들어서기를 바란다.

사족蛇足

먼저 한 가지 분명한 사실을 고백하고자 한다. 책은 문자라는 도구로 쓰인다. 이 책 역시 문자를 사용한다. 그러나 문자나 언어는 단지 방편일 뿐이다. 깨달음의 경지에서 보면, 깨달음에 대해 글자 하나를 쓰고, 깨달음에 대해 말 한마디를 하는 것이 다만 부질없는 업業 하나를 더 짓는 것에 불과하다.

허나, 손가락이 있어야 달을 가리키고 뗏목이 있어야 강을 건너듯이 이 책에 표현된 문자 역시 부득이한 방편이다. 같은 길을 추구하는 도반들에게 도움을 주고자 하는 간절한 바람에서 비롯된 일이니 후일 진리의 세계를 열게 된 이후에는 나의 허물도 자연히 용서되리라 믿는다.

페이스북과 트위터, 아이폰과 아이패드를 짊어지고 실시간으로 서로 간의 번뇌망상을 주고받으며 바쁨의 속도를 높여가는 현대인들을 보면, 깨달음과 진리추구의 길은 점점 더 어려워지는 것 같다. 현대인들은 실시간으로 서로의 새 소식과 생각들을 주고받는 것을 즐기고 있지만, 자신들도 모르게 각자의 자유와 평안(고요)을 서로 방해한다는 것은 전혀 자각하지 못하고 있다. 너무나 바쁜 그들이 잠시 멈추고 쉴 수 있도록, 그리고 궁극적 행복의 길을 갈 수 있도록 비상벨을 울리는 심정으로 글을 엮었다. 부처님께서도 나의 간절한 마음을 아신다면 이 책에 산재한 크고 작은 허물들을 기꺼이 용서하시리라 믿는다.

| 목차 |

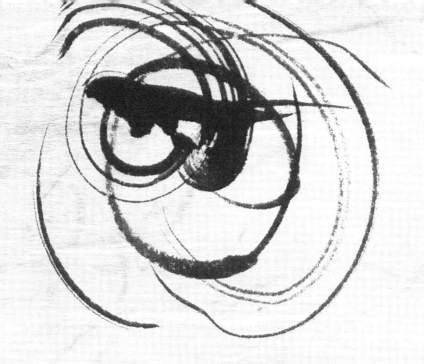

제 1 장

즉시 깨닫는 다섯 가지 명상

그대여!

이제 나는 그대와 함께 다섯 가지 명상을 하고자 한다.

이 다섯 가지 명상은 초기 불교경전과 조사선 수행법에 그 기본 토대를 두고 있다. 바삐 돌아가는 사회생활을 해야 하는 현대인에게 진리의 길은 멀고 속세의 일은 버겁다. 가장 빠르고 손쉽게 진리의 세계를 열 수 있도록 도와주고 싶어 다섯 가지 명상법으로 압축한 것이다.

이 명상을 찬찬히 살펴보고 이치에 맞추어 받아들인다면 그대는 즉시 깨닫게 될 것이다. 빠르다는 형용사가 필요 없을 정도의 속도로 가장 빨리 깨달음의 세계, 진리의 세계, '참된 그 자리'에 들어서게 될 것이다. 그리고 그 깨달음의 복락을 영원히 누리게 될 것이다.

45년간 이어진 부처님의 가르침과 역대 조사들의 가르침은 우리를 '참된 그 자리'로 인도하고 있다. 그러나 그 많은 경전을 다 참구하기 위해서는 10년, 아니 20년 이상의 세월이 걸릴 수도 있다. 그래서 그 모든 가르침 중에서 가장 수승한 핵심만을 정립하여 다섯 가지 명상법으로 정리한 것이다. 또한, 간화선 수행을 이어나가기 어려운 현대인의 고충을 감안하였다. 간화선 수행을 하는 마음으로 사흘 동안만이라도 이 법문들을 마음에 새기다보면 분명 깨달음의 세계, '참된 그 자리'에 들어서게 될 것이다.

억겁의 전생을 거치면서 쌓아온 중생의 업식을 버리라.

또한 금생에 쌓아가고 있는 일체의 분별심에서 벗어나라.

그런 다음, 오직 이 다섯 가지 명상법을 온전히 믿고 받아들인다면 즉각 깨칠 수 있을 것이다. 다시 한 번 강조, 또 강조한다. 단 사흘만이라도 모든 고정관념과 선입견을 버리고, 열린 마음으로 평온하게 받아들이라.

제 1 명상

깨달음을 구하는 그대에게
지금 첫 번째 관문이 나타났다.
'나' 라는 존재의 실체를 보라!

그대에게 묻는다.

"당신은 누구입니까?"

그대는 무엇이라고 답하겠는가?

그대의 이름도 그대가 아니며, 그대의 역할(사장, 직장인, 엄마, 아빠 등)도 그대를 온전히 가리키는 본질은 아니다.

그대의 육체가 그대인가? 태어날 때 3, 4킬로그램이었고 지금은 수십 킬로그램인데, 어느 몸이 진짜 그대인가?

그대의 마음이 그대일까?

어제의 마음인지, 오늘의 마음인지?

조금 전의 마음인지, 지금의 마음인지?

'나'는 분명히 여기에 있는데, 구체적인 표현으로 명쾌하게 규정하기가 쉽지 않다.

인류 역사상 인간 자신이 자기 스스로에게 가장 많이 던진 질문은 아마도 "나는 누구인가?"일 것이다.

부처께서는 이러한 질문에 대해 간단명료하게 "나는 오온五蘊이다."라고 답하였다.

즉, 몸과 마음작용이 나라는 것이다.

오온五蘊은 색수상행식色受想行識이다. 색은 곧 몸이며, 수상행식은 마음작용을 의미한다.

몸은 지수화풍의 4대로 구성되어 있으므로 나는 곧 지수화풍의 몸과 수상행식의 마음작용이라는 것이다.

1온: 색(지수화풍으로 이루어진 몸)

4온: 수상행식(마음작용)

다시 말해, '나'는 육체와 마음작용이 합쳐진 존재라는 것이다.

(주: 수상행식을 하나씩 구분하여 느낌(감각), 지각(인식), 의지, 의

식(알음알이) 등으로 설명할 수도 있으나 크게 중요한 문제는 아니다. 물질로서의 육체뿐 아니라 마음작용까지도 '나'라는 존재를 이루고 있는 요소라는 것을 표현하기 위하여 수상행식의 예를 든 것일 뿐이다.)

그런데 몸은 지수화풍 4대가 임시로 모인 가합적 존재형식이므로 무상하며 끊임없이 변화하므로 그 실체가 없다. 마음작용 또한 마찬가지이다. 느낌, 지각, 의지, 의식 등 모든 마음작용은 무상하며, 끊임없이 변화하므로 그 실체가 없다. 그런데 무상하며 실체가 없는 몸과 마음을 실체하는 것으로 보고 집착하면 이는 곧 괴로움이다.

"나는 오온五蘊이다."라는 대답에는 이러한 심오한 가르침이 담겨져 있다. '나'라고 할만한 실체로서의 '나'는 없다는 것이다.

중생은 실체가 없는 '나'라는 존재를 실체가 있는 것으로 믿는다. 그 믿음에서 모든 고통과 괴로움이 시작된다.

먼저 이 육신을 보자.
인간의 육체는 지수화풍地水火風 4대가 인연 따라 잠시 모여 있는 것임을 분명히 알아야 한다. 숨 한 번 잘못 쉬면 죽을 수 있는 것이 이 육신이고, 죽으면 사흘 안에 흙으로 돌아가는 것이 이 육신이다. 언젠가는 제자리로 돌려주어야 한다. 살아가는 동안에도 육신의 질병과 노쇠함은 내 뜻과는 무관하게 진행된다. 이 육신은 내가 수십 년간 좋은 음식, 좋은 옷으로 지극정성으로 먹이고 입혀도 언젠가는 나를 배신하고 제자리로 돌아간다. 이 육신을 '나' 또는 '내 것'으로 착각하는 것만큼 허망한 일이 없다.

그러면 변화무쌍한 마음작용들을 한번 살펴보자.

얼핏 보면 이 마음이 보고, 듣고, 느끼고, 말하고, 생각하고, 판단하는 모든 일을 척척 잘해 나가는 것 같기도 하다. 그러나 어제의 마음과 오늘의 마음이 다르고, 심지어는 상황에 따라 조금 전의 마음과 지금의 마음이 달라지기도 한다.

또한 나의 마음과 너의 마음이 다르고, 내 생각과 그의 생각이 다르다보니 이로 인해 시비와 갈등이 끊이지 않는다. 무엇이든 잘하고 있다고 생각한 이 '마음'이라는 놈 때문에 불편하고 불행한 것이다.

행복을 원한다면 "나는 누구인가?"에 대한 답이 명확해야 한다.

그러나 '나'를 아는 것 자체가 목적은 아니다.

나에 대한 집착이 곧 고통의 시작이므로 나를 잘 알아 집착에서 벗어나는 것이 '나'를 알아야 하는 궁극적 목적이다.

"나는 존재한다."라는 신념이 지옥놀음(괴로움)의 시초라면, "나는 공하다."라는 깨달음이 천당놀음(행복)의 시초다.

이처럼 '나我'에 대해 분명히 알게 되면 자유롭고 평안하다. 대자유와 지극한 행복의 길이 시작되는 것이다.

어째서 그러할까? 집착이 사라지기 때문이다. '나'라는 것도 그 실체가 없어 집착할 것이 없는데, 어떤 존재(대상물)에 집착하고 탐욕하겠는가?

그 존재 역시 실체가 없는 허상일 뿐이다.

내가 없는데 나의 것은 어디에 있으며, 내가 없는데 누구와 겨루어 이기려 하겠는가? 집착과 탐욕이 없으니 화낼 일이 없고, 어리석음은 자연히 소멸된다. 즉, 탐진치의 소멸이다.

육조 혜능선사가 돌아가시기 전에 슬픔에 젖은 제자들에게 말하였다.

"……그대들이 지금 슬피 우는 것은 또한 누구를 위함인가? 나의 가는 곳을 그대들이 몰라서 근심하는 것인가? 만약 내가 가는 곳을 모른다면 그대들에게 고별을 하겠는가? 그대들이 슬피 우는 것은 내가 어디로 가는 것인가를 몰라서이니 만약 가는 곳을 안다면 슬피 울지 않으리라. 성품의 몸통은 생겨남生도 없고 사라짐滅도 없으며 가는 것去도 없고 오는 것來도 없느니라." (육조단경 중)

선사는 '나'라고 할만한 실체가 없음을 분명히 깨달았기에 지수화풍의 가합적 존재에 불과한 육체의 죽음에 대해 조금도 연연하지 않았던 것이다. 육신의 몸통은 생겨나기도 하고 사라지기도 한다. 하지만 깨닫게 되면 육체의 나고 죽음과 무관하게 순수의식(절대의식, 참나)으로 영원히 존재하게 된다.

'나'라고 할만한 실체가 없음을 깨닫게 되면 집착과 고통에서 벗어난다. 그러나 '나'라는 실체가 있다고 믿게 되면 집착하게 되고, 집착은 끝내 고통과 괴로움으로 이어진다. 행복의 길과는 천길만길 멀어지는 것이다.

제 2 명상

깨달음을 구하는 그대에게
지금 두 번째 관문이 나타났다.
'모든 존재' 의 실체를 보라!

우리 모두는 행복을 추구한다. 인간의 모든 행위는 그 근원에 행복을 향한 목적이 있다. 그러나 행복을 위한 모든 행위가 우리를 행복하게 해주지는 못한다. 때로는 행복을 느끼기도 하지만 그 행복은 오래가지 못하고 너무나 쉽게 변질되곤 한다. 부처께서도 행복을 추구하셨다. 그 행복은 단지 금생의 행복뿐 아니라 내생의 행복과 궁극적 행복을 포함하는 영원불멸의 행복이었다.

그러나 왕자의 삶(감각적 욕망들을 만족시키는 쾌락적인 삶)에서도 수행자의 삶(고행하며 진리를 구하는 자기학대의 삶)에서도 행복의 길을 찾을 수 없었다. 어느 날 밤에 보리수 밑에 자리를 잡은 부처는 "완전한 깨달음에 이를 때까지 자리에서 일어나지 않으리라."는 결심을 하였고 결국 21일이 지난 후 새벽녘에 무상대도의 깨달음을 얻게 된다.

이후 45년간 부처께서는 행복을 추구하면서도 영원히 행복하지 못한 상태로 살아가는 무명중생無明衆生에게 자신의 깨달음을 전하며 누구나 영원한 행복을 누리도록 이끌어주셨다.

우리를 영원한 행복으로 이르게 할 부처의 깨달음은 과연 무엇이었는가?

그 핵심은 세상의 모든 존재를 있는 그대로 보는 것이다.

있는 그대로 보면 세상의 모든 존재를 꿰뚫어 알 수 있다. 그렇게 되면 불필요한 분별에서 벗어나 자유롭고 행복한 자리에 머물게 된다. 초기 불교경전을 보면, 부처님은 세상 모든 존재의 실상을 다음과 같이 파악했음을 알 수 있다.

세상의 모든 존재는 무상하다(無常).

무상한 것은 괴로움이다(苦).

무상하고 괴로운 존재를 '나'라고 할 수 없으며 '나의 것'도 아니다(無我).

존재의 무상無常, 고苦, 무아無我를 통찰하게 된 사람은 영원한 행복을 누리게 된다. 어떠한 과정을 거쳐 그렇게 될 수 있을까?

존재의 무상無常, 고苦, 무아無我를 통찰하는 사람은
세상의 모든 존재에 대해 탐욕하지 않는다.
탐욕의 소멸은 곧 화냄과 어리석음의 소멸로 이어진다.
(탐욕이 성취되지 않으면 화내고, 탐욕이 성취되었다고 좋아하는
것이 어리석음이다)

탐욕할 일이 없으니 성내거나 좋아할 일이 있겠는가? 세상의 모든 존재에 저절로 무위無爲하게 되는 것이 곧 영원한 행복(열반涅槃)에 이르는 길이다.

다시 말해, 모든 존재의 무상, 고, 무아를 통찰하는 사람은
염오厭惡(역겨움)하게 되고, 염오하면 이욕離欲(탐욕의 빛바램)하게 되고, 이욕하면 해탈解脫한다. 해탈은 결국 영원한 행복(열반)으로 이어진다.

영원한 행복은 하나지만 그 이름은 여러 가지이다. 즉 열반, 탐진치의 소멸, 버림/놓아버림, 남김없이 소멸함, 벗어남, 집착 없음, 갈애의 소멸, 생기지 않음, 원하는 것이 없음, 업業의 축적이 없음, 생로병사가 없음, 슬픔/비탄/절망 없음 등이 다 그것이다.

모든 존재를 있는 그대로 보면 그 실상實相이 무상, 고, 무아임을 알게 된다. 무상, 고, 무아를 통찰하면 해탈과 열반으로 이어진다.

제 3 명상

깨달음을 구하는 그대에게
지금 세 번째 관문이 나타났다.
'이 순간' 뿐임을 알라!

모든 것은 바로 지금 이 순간뿐이다. 정녕코 이 찰나밖에 없다.
찰나에 모든 것이 일어나고 찰나에 모든 것이 사라진다.

인연에 따라 모든 것은 일어나고 사라지며,
일어나고 사라지는 이 순간에 모든 진리가 담겨져 있다.

즐거운 순간도 괴로운 순간도 그 순간뿐이다. 모든 것은 찰나에
일어나고 사라진다. 세상의 모든 것이 실체가 있는 것으로 착각하
여 '있다, 없다'의 관점에서 관찰하면 바르게 볼 수 없다. 다만 찰나
생, 찰나멸하고 있음을 보아야 한다.

연기법으로 그 모든 것은 일어나고, 연기법으로 그 모든 것은 사라진다.

"이것이 있을 때 저것이 있고, 이것이 없을 때 저것이 없다.

이것이 일어날 때 저것이 일어나고, 이것이 소멸할 때 저것이 소멸한다."

예들 들어 '괴로운 느낌'이 일어났을 때는 이렇게 알아차려야 한다.

"지금 나에게 괴로운 느낌이 일어났다. 이 괴로움은 정녕코 이 순간뿐이다. 찰나에 일어나고 찰나에 사라지고 있다. 그러나 나는 이 괴로움이 계속 이어지는 것으로 착각하고 실체가 있는 것으로 착각하고 있다. 그러나 이 괴로운 느낌은 어떤 조건에 의지하여 생겨난 것이며 조건이 사라지면 소멸되는 것이므로 아무런 실체가 없는 것이다.

이 괴로운 느낌은 어떤 조건하에 생겨난 것인가? 괴로운 느낌은 바로 이 몸에 의지하여 생겨난 것이다. 그런데 이 몸은 지수화풍 4대가 일정 기간 모여 형성된 것이므로 무상하고 가변적이다. 이렇듯 무상하고 가변적인 몸에 의지하여 생겨난 이 괴로운 느낌이 어찌 항상할 수 있겠는가? 그래서 이 괴로운 느낌도 일시적이고 가변적이며 지금 이 순간 생겨나고 사라질 뿐이다. 즉, 이 괴로움은 아무런 실체가 없으며 찰나에 생겨나고 찰나에 사라질 뿐이다."

과거, 현재, 미래가 있을까?

과거는 지난밤의 개꿈과도 같은 것이다. 과거는 이름으로만 존재할 뿐 사실 존재하지 않는다. 미래 역시 우리가 기대 또는 걱정이라는 분별망상으로 지어낸 이름일 뿐 그 실체가 전혀 없는 것이다. 그럼 현재는 있는 것일까? 현재라는 것이 있다면 그것은 1초 정도 될 것이다. 1초가 지날 때마다 방금 1초는 과거가 되고 미래의 1초가 다가와 현재의 1초가 된다고 볼 수도 있다. 그러나 그 1초는 다시 10분의 1초로 쪼갤 수 있고, 10분의 1초는 다시 100분의 1초로 쪼갤 수 있다. 그렇게 쪼개다보면 현재라고 할만한 것이 없다. 그 현재의 순간을 콕 집어 정할 수 없기 때문이다. 현재는 그저 순간순간 생겨났다 사라지고 있을 뿐 그 현재라는 순간은 잡을 수도 정할 수도 없다.

즉, 과거나 미래와 마찬가지로 현재라는 것도 사실상 없음을 알아야 한다. 그 현재는 그저 순간순간 일어났다가 사라질 뿐이다. 거기에 과거니 미래니 현재니 하고 이름 붙일 만한 것은 없음을 알아야 한다.

이 순간뿐이다. 바로 지금 이 순간, 이 찰나뿐이다. 나아가 이 순간, 이 찰나라는 것도 이름일 뿐 그 실체가 없다. '참된 그 자리'에는 과거도 미래도 현재도 없다. 여기와 저기도 없다. 시간과 공간이 없는 것이다. 시간과 공간이 없기에 '참된 그 자리'에는 무한대의 공간과 영원한 시간이 담겨져 있는 것이다.

바로 지금, 바로 이 순간일 뿐 다른 시절은 없다.

이미 일어난 것을 이어가지 말고, 아직 일어나지 않은 것을 일어나도록 버려두지 않으면, 이것이 그대들이 10년 동안 법을 구하러 돌아다니는 것보다 더 낫다.

도 닦는 이들이여! 한 찰나 사이에 바로 화장세계에도 들어가고 비로자나 국토에도 들어가며, 해탈국토에도 들어가고 신통국토에도 들어가며, 청정국토에도 들어가고 법계에도 들어가며, 더러운 세계에도 들어가고 깨끗한 세계에도 들어가며, 범인도 되고 성인도 되며, 아귀도 되고 축생도 되지만, 어느 곳에서 찾아도 생사生死는 전혀 찾을 수 없고 다만 빈 이름만 있을 뿐이다. (임제록 중) **

시저 왕이 큰 전쟁에서 승리하고 돌아와 그 기쁨을 기리기 위해 반지 세공인을 불러 반지를 하나 만들어주기를 주문했다. 단, 그 반지에 어떤 글귀를 새겨주기를 부탁하였는데, 그 글귀는 주체하지 못할 정도의 기쁨으로 흥분되었을 때 마음을 가라앉히고 모든 것을 바르게 바라볼 수 있는 지혜를 주어야 하며, 큰 슬픔에 빠져 더 이상 헤어 나오지 못할 만큼 좌절해 있을 때 그 슬픔을 벗어날 수 있는 힘을 주어야 한다고 요구했다.

근심에 빠진 반지 세공인은 고민 끝에 지혜의 왕 솔로몬을 찾아가 지혜를 구했다.

이야기를 다 들은 솔로몬 왕은 반지에 다음과 같이 새기라고 말했다.

"이 또한 곧 지나가리라."

제 4 명상

깨달음을 구하는 그대에게 지금
네 번째 관문이 나타났다.
"모든 일이 있는 그대로 다 진리" 임을 알라!

그대 눈에 보이는 것이 있는가? 그것이 있는 그대로 진리이다.

그대 귀에 들리는 것이 있는가? 그것이 있는 그대로 지리이다.

있는 그대로 보고 있는 그대로 들을 수 있으면, 그대는 진리를 보고 진리를 듣는 것이다. 보이고 들리고 하는 그것이 전부, 보이는 모습 들리는 소리 그대로 진리인 것이다. 즉, 모든 존재는 있는 그대로 진리이다.

'참된 그 자리'는 맑은 거울과 같이 있는 그대로 비춘다. 해와 달,

산과 강을 있는 그대로 비춘다. 새소리, 물소리를 있는 그대로 들려준다.

보고 듣는 것 외에도 하루하루의 일상생활 역시 모두 진리가 된다. 목마르면 물 마시고 배고프면 먹고 피곤하면 잔다. 분별심으로 살아가는 일상생활에는 불안과 공포, 질투와 갈등이 끊이지 않지만 '참된' 그 경지에 들어선 이에게는 보이는 것, 들리는 것, 일상생활이 모두 진리 그 자체이다.

'세상'이라는 것도 단지 이름일 뿐 고정불변한 실체가 없다. 그래서 세상의 모든 것은 있는 그대로가 다 진리인 것이다. 절대적이고 영원한 그 무엇(세상, 우주, 존재, 불안, 공포, 갈등 등)은 없다. 단지 개념(이름)이 있을 뿐 그 실체가 없다. 세상의 모든 존재는 12처(여섯 감각 장소와 여섯 감각 대상)에 의지하여 인식되는 것일 뿐이다. 명칭이나 개념에 속게 되면 그게 바로 생사에 매이게 되는 것이며, 그로 인해 결국 죽음의 굴레에서도 벗어나지 못하게 된다.

신령스런 빛 홀로 빛나 육근 육진을 벗어났네.
변함없는 진리의 본체 드러나 문자에 구애받지 않네.
마음의 성품에 물듦이 없으니 본래 스스로 원만함을 이룬다.
허망한 생각 놓아버리면 그것이 바로 있는 그대로 부처라네.
지수화풍 4대가 각기 꿈 가운데 흩어지고

육진과 심식心識이 모두 공하도다.
부처님과 조사님이 깨달은 곳을 알고자 하는가?
서산에 해가 떨어지면 동산에 달이 솟는다.

여섯 감각 장소眼耳鼻舌身意가 여섯 감각 대상無色聲香味觸法을 접촉하는 조건에 의지하여 인식되는 것이 세상이며 존재이다. 즉, 여섯 감각 장소를 통하여 인식되는 것이 세상이지 다른 세상은 없다. 세상이란 경험된 곳일 뿐이다.

어떤 사건 또는 어떤 상황이 있다.
그 사건/상황으로 인해 기쁠 수도 있고, 슬플 수도 있다.
때로는 그 사건/상황이 무덤덤한 일상일 수도 있고, 경악할만한 사태일 수도 있다.

그러나 그 사건/상황의 본질은 동일하다.
그 사건/상황은 그 사건/상황 이전에 그것이 생겨날만한 조건이 있었기에 일어난 것이다. 혹은 그 사건/상황이 우연히 일어난 것일 수도 있지만, 우연이라는 것도 자세히 살펴보면 그 우연한 사건/상황을 일으키게 하는 조건들이 숨겨져 있는 경우가 대부분이다. 다만, 우리의 인식능력이 그 조건들을 완벽하게 파악할 수 없었기에 '우연'으로 생각했던 것이다.

그래서 그러한 사건/상황도 그 자체로 진리이다.

그 사건/상황은 좋은 일도 아니고, 슬픈 일도 아니다.

분별망상에 사로잡힌 이에게는 기쁘기도 하고, 슬프기도 할 것이다.

그러나 '참나'가 되어서 그 사건/상황을 살펴보면, 그것은 좋은 일도 아니고 나쁜 일도 아니다. 다만, 인연이 되어 그 사건/상황이 그렇게 일어났을 뿐이다. 그것뿐이다.

어떤 사건으로 인해 고통이 있더라도 그 고통에 집착하지 않는다면 고통은 본래 없는 것이며, 고통이 없다면 이미 그 사건은 좋다 나쁘다 평할 수 없는 것이다. 해가 뜨고, 해가 지는 일처럼 그저 그럴 뿐인 일상의 하나이다.

그대들은 조사와 부처를 알고자 하는가? 바로 그대들 면전에서 법을 듣는 것이 조사요 부처이다. 배우는 사람이 믿음이 부족하여 곧 밖으로 치달려 구하지만 설사 구하여 얻는다 하더라도 이것들은 모두 문자의 빼어난 모습일 뿐이니 결코 저 살아 있는 조사의 뜻을 얻지는 못한 것이다.

오늘 여러 가지 작용하는 곳에 무슨 모자람이 있는가? 여섯 가지 지각知覺의 신령스런 빛이 끊어진 적이 없었다. 만약 이와 같이 볼 수 있다면 바로 평생 일 없는 사람이 될 것이다.

바로 그대들의 눈앞에 분명한 것, 어떠한 것에도 의존하지 않으면서 홀로 밝은 이것이 바로 법을 듣고 말할 줄 아는 것이다. 만약 이와 같이 볼 수 있다면 곧 조사나 부처와 다르지 않다.

눈에서는 본다 하고 귀에서는 듣는다 하며, 코에서는 냄새 맡는다 하고, 입에서는 말한다 하며, 손에서는 쥔다 하고, 발에서는 걷는다 한다. 본래 하나의 깨끗하고 밝은 것이 나누어져 육근六根을 통한 십팔계十八界의 경험세계를 이루므로 한 마음이 없다면 이르는 곳마다 모두 해탈이다.

도 배우는 이들이여! 얻었으면 곧 작용할 뿐, 다시는 이름에 집착하지 않는다.
　(임제록 중)

제 5 명상

깨달음을 구하는 그대에게
지금 다섯 번째 관문이 나타났다.
'참된 그 자리' 를 보라!

여기 거울이 있다. 거울에 비친 모든 물체는 스쳐 지나갈 뿐이다. 거울은 어느 물체에도 집착하지 않고 그 잔상을 남기지 않는다. 그러나 우리 마음은 수상행식의 작용을 하면서 종종 마음에 비친 사물/상황에 집착한다. 집착의 형태는 사량분별이요, 번뇌망상이다.

그런데 문득 분별을 쉬면 누구나 본래 완성되어 있는 부처이다. 분별을 일으키기 이전의 자리, 번뇌가 생겨나기 진의 자리에 머무는 마음이 곧 불성이다. 그리고 그 자리가 바로 우리가 가야할 자리이다. "참된 그 자리"가 달리 있는 것은 아니다. "나"라는 존재는 물론 "모든 존재"의 실체를 있는 그대로 볼 때, "이 순간뿐"인것도 알고 "모든 일이 있는 그대로 다 진리"인 것을 알 때, 우리는 즉시 "참된 그 자리"에 들어서게 된다.

참된 그 자리(분별 이전의 자리, 번뇌가 생겨나기 전의 자리)는 우주보다 더 큰 광대무변의 세계를 능히 비추지만 티끌 하나에도 집착하지 않는다.

'참된 그 자리'에서는 너와 나의 구별도 없고, 좋고 나쁨의 분별도 애초에 없다. 오고 감이 없으며 생멸이 없으니 당연히 생사도 없다. 분별망상에 시달리며 시비다툼에 시달리는 중생놀음이 허깨비처럼 느껴진다.

만사에 시달림이 없이 자유자재하며 현생은 물론 전생, 내생에 걸쳐 생사해탈의 대자유와 지극한 행복을 누리게 되는 것이다.

'누구나 본래 완성된 부처'라는 진리는 분별로써 '이해'하기는 쉬워도 이 진리가 정말 진리임을 알아차리고 체험하기는 참으로 힘들다. 물속의 물고기가 물을 찾기 위해 많은 노력을 하는 것과 같은 이치이다. 문득 깨닫는 도리가 있을 뿐이다.

그러니 이치로 따져서 알려고 하는 노력은 아예 시도하지 않는 것이 좋다. 이치로 따지는 과정 자체가 결국 분별망상일 뿐이다.

빈손으로 왔다가 빈손으로 가는 것이 인생이다.
어디로부터 태어나서 죽을 때는 어디로 가는가?
태어나는 것은 한 조각 구름이 일어남이요,
죽는 것은 한 조각 구름이 흩어지는 것과 같다.

구름이 본래 그 실체가 없는 것과 같이
나고 죽고 오고 가고 하는 것이 다 마찬가지이다.

하지만 언제나 변함없이 홀로 뚜렷한 단 하나가 있으니
그것은 생사를 따르지 않고 언제나 순수하고 맑다.

生從何去來 死向何去處
生也一片浮雲起 死也一片浮雲滅
浮雲自體本無實 生死去來亦如然
獨有一物常獨露 湛然不隨於生死

　여기에서 말하는 '변함없이 홀로 뚜렷한 하나'가 바로 '참된 그 자리'이다. 곧, 진리의 세계, 깨달음의 세계이다. '그 자리'를 찾게 되면 천년만년 동안 이어졌던 중생의 꿈에서 즉시 깨어나 깨달은 성인, 즉 부처로 살게 된다. 생사生死에 자유자재하며 영원한 행복과 대자유를 누리는 만고광명萬古光明의 삶을 누리게 되는 것이다.

'참된 그 자리' 하나만 찾아 내 손에 쥐면 로또복권 1등 당첨을 수백 번 하는 것보다 더 큰 복락과 영원한 행복을 누릴 수 있으니, 보물찾기도 이만한 보물찾기가 없을 것이다.

'참된 그 자리'는 마치 허공과도 같아서 본래부터 존재하였다!

우리가 광대무변한 허공을 벗어날 수도 없고 취할 수도 없듯이 '참된 그 자리' 역시 취할 수도 없고 벗어날 수도 없다. 그러니 그 이름도 모양도 없는 '참된 그 자리'를 찾거나 구한다는 말도 사실은 성립될 수 없다. 다만 거기에 이르기 위해서는 그곳을 표현해야 하니 부득이한 방편으로 '참된 그 자리'라고 하는 것이다.

일찍이 생겨난 적도 없었고 앞으로 사라지지도 않을 것이며, 무엇을 더할 수도 없고 무엇인가를 뺄 수도 없다. 모든 것이 변하지만 '그 자리'는 변하지 않는다. 한없이 밝으며 한없이 영험하다. 어떠한 차별도 없이 통일된 일체이며 하나이다. 우주 삼라만상이 '그 자리'에서 생겨나지만 '그 자리' 자체는 아무런 이름도 없고 어떤 모양도 없다.

그런데 참으로 다행한 것은, '그 자리'가 그대에게도 있고 나에게도 있으며, 온 누리에 다 있다는 사실이다. 그대와 나, 나아가 우주 삼라만상이 각기 그 모습과 형태가 다르지만 '참된 그 자리'에서는 차별 없이 같아진다. '참된 그 자리'는 절대적 진리의 경지, 영원한 진리의 세계이기 때문이다.

　이제 도를 배우는 사람들은 모름지기 스스로를 믿어야지 밖으로 향하여 찾아서는 안 된다. 무엇을 찾는가? 지금 눈앞에서 법을 듣는 의지함 없는 도인은 뚜렷하고도 분명하여 모자라거나 없었던 적이 없었다. 그대들이 조사나 부처와 다름없고자 한다면 다만 이와 같이 알면 될 뿐 잘못되지나 않을까 의심할 필요가 없다. (임제록 중)

　오직 여러분 눈앞에서 법을 듣는 사람이 있을 뿐이니, 이 사람은 불 속에 들어가도 타지 않고, 물속에 들어가도 빠지지 않으며, 삼악도의 지옥에 들어가도 마치 동산에서 거닐며 구경하듯이 하며, 아귀와 축생에 들어가도 과보를 받지 않는다. 왜 그러한가? 꺼릴 법法이 없기 때문이다. (임제록 중)

　부처는 자기 성품自性으로 이루어지는 것이니 몸 밖에서 구하지 말라. 자기 성품이 미혹하면 부처가 곧 중생이요, 자기 성품이 깨달으면 중생이 바로 부처이니라. (육조단경 중)

　'참된 그 자리'는 본래 이름도 모양도 붙을 수 없는 것이지만 방편상 여러 가지로 칭해진다.

불성佛性, 자성自性, 본래성품本來性品, 본래 마음, 진여眞如, 근본 자리, 참나眞我, 주인공, 진리, 도道, 부처님, 하나님 등으로 표현된다. 혹자는 "……이 세상에 부처님 태어나기 전 빈 허공에 서린 기운 한 가지……"라고 표현하기도 했다. 여하튼 그 이름들은 단지 방편으로 사용되는 명칭일 뿐이니 그러한 연유를 알고 쓰면 될 것이다. 실로 그것은 이름도 모양도 없지만, 참되고도 참된 것이다.

다시 말해 '참된 그 자리'를 의미하는 여러 명칭은 단지 방편으로 붙인 이름일 뿐이니 그 이름에 얽매이지 않도록 하라. 이름과 모양에 얽매여 '참된 그 자리'를 구하려고 하는 것은 중생의 분별심에 얽매여 있는 것이다. 분별심이 일체 붙을 수 없는 '참된 그 자리'를 분별심의 등불을 켜고 찾아 나선다면 그 길은 벌써 천길만길 벌어졌다.

어느 날 육조 혜능선사가 제자들에게 물었다.
"나에게 한 물건이 있는데 이름도 모양도 없는 그것을 그대들이 알겠느냐?"

이에 신회 스님이
"모든 부처님의 본원本源이요 신회의 불성佛性입니다."라고 대답하였다.

그러나 신회 스님은 혜능선사의 법을 이어받지 못했으니 그 이유는 이 답변이 분별심에서 나온 답이었기 때문이다. (분별심에서 나왔다고 평가된 이유는 단순하다. 무엇무엇이라고 이름 붙였기 때문이다.)

또 다른 어느 날 혜능선사가 숭산에서 온 남악회양 스님에게 물었다.

"어떤 물건이 이렇게 왔느냐?"

이에 남악회양 스님은 어떤 답변도 하지 못하였다가 8년이 지나서야 이렇게 답변하였다.

"설사 그 무엇이라 해도 맞지 않습니다."

이 답변은 아무런 분별심 없이 근본 자리, 즉 '참된 그 자리'를 철저히 깨닫고 한 답변이었기에 남악회양 스님은 혜능선사의 법을 이어받게 되었다. (이름 붙일 수 없다고 대답하였기에 분별심 없이 근본 자리를 깨달았다고 평가된 것이다.)

고봉화상의 선요禪要에 "실제 그 본주인은 생멸生滅이 없으며, 가고 옴이 없으며, 더하고 덜함이 없으며, 늙고 죽음이 없다."라고 표현하고 있다. 고봉화상 역시 '참된 그 자리'를 확연히 깨쳤고 '참된 그 자리'에 들어선 것을 확연히 알 수 있다.

'참된 그 자리'를 찾으면 어떻게 될까?

사량분별에 찌들어 하루하루 번뇌하며 살아가는 어리석은 중생의 탈을 즉각 벗고, '참나'로 살게 된다. 대자유와 영원한 행복을 누리며 세상만사에 걸림 없이 자유자재하게 되는 것이다.

부모에게서 태어나기 전의 본래 모습은 무엇이며父母未生前本來面目, 내가 어디서부터 왔고 어디로 가는지를 분명히 알게 된다.

온 자리와 갈 자리가 분명하니
불안, 초조, 갈등, 시비, 질투 등의 중생심이 붙지 않는다.

자신의 본래 자리를 알게 되니, 곧 억겁의 전생 동안 잊고 살았던 나의 본체인 '참나'와도 만나게 된다. 그 즉시 부처가 되는 것이다.

아니 본래부터 부처였음을 깨닫게 되는 것이다.

억겁의 전생 동안 쌓아온 모든 죄업罪業이 일시에 소멸되며, 현생에서 행복과 기쁨 속에서 살게 되며, 다가올 내생 역시 윤회에 떨어지지 않고 세세생생 출세와 지극한 복락을 누리게 된다. 그래서 이름도 모양도 없는 '참된 그 자리'를 꼭 찾아야 할 이유가 바로 여기에 있는 것이다.

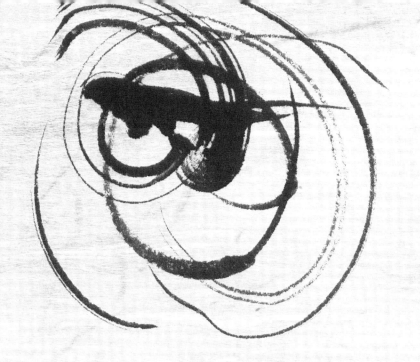

제 2 장

깨달음 이후의 세계

1
완전히 새로운 세계

깨닫게 되면 완전히 새로운 세계가 열린다.

그러나 그 세계는 아무도 모르는 장소에 숨겨진 유토피아 같은 별세계가 아니다. 꿈을 깨더라도 단지 그 자리에 그대로 있는 것처럼 깨닫기 전부터 있었던 바로 그 자리가 그대로 '참된 그 자리'가 된다.

깨닫게 되면 마치 깊은 꿈을 꾸다가 깬 것과 같다.

꿈꾸는 동안 진짜 있는 줄로만 알았던 허상들은 사라지고 완연하게 밝은 세상이 열린다. 세상의 모든 일이 환하게 밝아지고 아무런 걸림이 없다. 마치 하늘에 백 개 천 개의 해가 떠올라 온 누리를 비추는 것과 같다. 깨닫는 순간 바로 허공이 부서지고 대지가 무너져서 물아物我를 모두 잊은 듯한 경지가 된다. 이전과는 완전히 다른 새로운 세계가 열리는 것이다.

깨달아서 '참된 그 자리'에 들어서게 되면 억겁의 전생 동안 누적해온 업은 일시에 소멸된다. 현생의 삶 역시 속박 없이 자유자재하며 한가로워진다. 내생에도 영원한 복락과 출세를 누리게 된다. 중중무진한 모든 관문, 태산 같은 관문들이 일시에 모두 사라지고 생사에 걸림 없는 경지에 들어서기 때문이다.

깨닫게 되면 모든 사물은 평등하여 우열이 없고, 귀천도 없고, 옳고 그름도 없다. 대립과 갈등, 경쟁과 다툼이 없는 절대 평화의 세계만이 있을 뿐이다. 모든 존재가 '참나'와 다름없는 일체이기에 온 인류가 차별 없이 나의 몸이며, 온 세계가 나의 집이 되는 것이다.

깨닫게 되면 세상을 감싸는 자비와 세상을 뚫는 지혜를 갖추게 되어 대통령도 재벌도 부럽지 않고 자유자재하며 살게 된다.

깨달았다는 것은 곧 '자기 자신이 이미 부처'라는 것을 알게 되었다는 것이다. 깨달은 이는 자비와 지혜를 가지고 세상을 살아가며 모든 순경계, 역경계에 자유자재이다. 생업을 위한 일상생활에도 적극적이며 능동적이다. 그러나 그 어느 것에도 걸리지 않고 얽매이지 않는다. 어느 사람을 대하더라도 자신과 같은 부처의 화현임을 알고 대한다. 대자유와 영원한 행복을 누린다.

깨달은 사람은 부처를 만나도 좋아하는 마음이 없고, 지옥을 보아도 두려워하는 마음이 없다. 좋고 나쁨, 안심과 불안이 다 허망한 분별심인 것을 알기 때문이다.

오직 '참된 그 자리'에 머무르면서 분별없이 살아간다. 깨달은 이는 세속을 피하지도 않고 고요한 산속을 고집하지도 않는다. 집이든 산이든, 세속이든 절이든, 인연 따라 앉거나 머물게 되면 그 자리가 바로 법당이 된다. 이것이 곧 부처의 행이다.

깨달음의 증거가 따로 있는 것이 아니다. 이렇게 부처의 행을 하며 살아가는 것이 바로 깨달음의 증거이다. 자신이 정녕 깨달았는지 궁금하면 따로 점검과 인가를 받으러 다니지 말고 자신이 행불行佛하고 있는지를 살펴보면 된다.

깨닫게 되면 고통의 바다에서 허우적거리는 중생들을 구하고 싶어진다. 그래서 인연에 따라 자연스럽게 중생제도의 길을 가게 된다. 위로는 진리를 구하고上求菩提 아래로는 중생을 구하는 것은下化衆生 깨달은 이가 필연적으로 걸어가는 길이 된다. 이 역시 행불의 한 형태이다.

대혜선사의 '서장'에는 재가자인 진국태 부인이 자신의 깨달음에 대해 이렇게 표현하고 있다.
"광겁 이래로 밝히지 못한 일이 확연히 드러났습니다. 이는 남에게 얻은 것이 아닌지라 비로소 법의 기쁨과 즐거움이 세간의 쾌락과는 도저히 비교할 수 없다는 것을 알았습니다."

깨달은 사람은 부질없는 번뇌를 벗 삼아 하루하루를 살아가는 '가짜 나'의 족쇄를 풀고 아무 일 없이 한가롭게 살아간다. 어디에서 와서 어디로 가는지를 뚜렷하고 명백하게 알아차리게 되므로 불안과 갈등은 사라지고 매사에 자유롭다.

'가짜 나'는 생로병사를 겪고 무수한 번뇌와 수만 가지 고통 속에 살아가지만 '참나'를 찾은 이상 생사해탈의 경지에서 대자유와 지복至福을 누리며 살아가게 된다.

나의 본체 '참나'는 부모가 나를 낳기 전에도 있었고 이 육신을 벗은 후에도 있음을 알게 된다. 매사에 걸리는 것이 없고 일체의 것에 얽매이지 않는다. 중생의 업業, 번뇌, 고통 등에 시달리지 않고 자유자재하는 것이다.

'참나'로 사는 사람은 부처로서 살아가는 사람이므로 따로 불상을 구할 필요가 없다. 그가 머무는 모든 곳이 법당이며 그가 행하는 모든 일이 불사佛事 아님이 없다.

'참된 그 자리'는 부처가 머무르는 자리, 즉 불국토佛國土이다.

'참된 그 자리'는 이름이나 모양이 없다. '참된'이라고 하는 것도 다만 방편으로 사용하는 말이다. 그 자리에 들어서면 지혜가 밝아져서 그동안 보물처럼 지니고 있던 선입견이나 고정관념들을 모두 녹여버리고, 일체 사물을 있는 그대로 보게 된다. 선입견이나 고정관념은 우리가 우리 마음으로 지어낸 감옥에 불과하다.

'참된 그 자리'에서는 그 감옥이 즉각 녹아버린다. 그래서 대통령이 되고 재벌이 되더라도 '참된 그 자리'를 알지 못하고 육신에 시달려 살아가는 삶은 한바탕 개꿈에 불과하다.

그 자리에서는 모든 사람은 물론 해와 달, 초목과 벌레까지도 나와 아무런 차별이 없다. 그 자리에서는 부처님이 높은 것도 아니요, 노숙자가 낮은 것도 아니다. 부처님의 몸과 마음, 노숙자의 몸과 마음이 모두 다 차별 없이 평등하다.

2
마인드 터닝

속세를 살아가는 우리는 누군가의 자녀로서 살아가는 동시에 누군가의 부모, 누군가의 형제자매 또는 배우자로 살아간다. 또 가정을 벗어나서는 어느 직장의 한 구성원으로, 사업장의 대표로, 손님으로, 학생으로 살아가기도 한다.

그 과정에서 수많은 사람과 부대끼게 되고, 시비와 갈등이 끊이지 않는다. 삶이라는 것이 어차피 타인과 관계를 맺지 않고서는 살아가기 힘든 것이므로 피할 도리도 없다.

깨달은 이는 타인과의 관계에서 시비와 갈등을 거의 일으키지 않게 된다. 그 구체적인 방법 중의 하나가 '마인드 터닝'이다.

마인드 터닝은 깨달음으로 이미 부처임을 확인한 수행자가 모든 사건/상황을 바라보는 관점을 전환하여 타인과의 관계에서 발생하는 갖가지 문제들을 해결하는 방법인데, 보통 다음과 같은 과정을 거치게 된다.

▶ 나에게 고통과 갈등을 일으키는 어떤 사건(상황)을 원인이라 하고, 내가 느끼는 고통(갈등)을 결과라고 한다.

▶ 다섯가지 명상법으로 원인과 결과를 하나하나 분석한다.

  - 고통을 느끼는"나"는 지수화풍과 수상행식의 가합적 존재이므로 그 실체가 없다. "나" 자신이 실체가 없으므로 "내가 느끼는 고통" 역시 허상에 불과하다.

  - 고통의 원인이 된 어떤 사건(상황)의 본질은 무상無常, 고苦, 무아 無我이다. 즉, 그 사건(상황)은 허상에 불과하며, 고통을 일으킬 원인이 될 수 없다.

  - 내가 느끼는 고통은 찰나의 고통이다. 절대 영원하지 않다.

  - 모든 것은 있는 그대로 다 진리이다.
그 사건(상황)도 일어날만 해서 일어난 것이며, 나의 고통도 느낄만 해서 느끼는 것이다.

  - "참된 그 자리"에서 보면 사건도 없고 고통도 없으며, 원인도 없고 결과도 없다.

▶ 나는 부처의 행을 하는 자유인이다. 원인(사건)에서도 자유롭고 결과(고통)에서도 자유롭다.

자기 자신이 본래 부처임을 알았으니 부처의 마음으로 매사를 대하고 판단한다. 매사에 자비와 지혜로서 부처의 행行을 하는 것이다. 그러나 자비와 지혜는 추상적인 개념이므로 막상 현실적인 사건과 사물을 대하면 어떻게 대응해야 할지 막막해지는 경우가 많다. 이럴 때 마인드 터닝으로 행불行佛하면 된다.

마인드 터닝으로 살아가면 일체 인연에 시달리지 않으며, 수만 가지 중생의 번뇌에 걸리지 않는다. 좋은 것과 나쁜 것, 다가오는 희로애락 모든 것이 실체가 없는 무상, 고, 무아임을 알고 다만 지혜와 자비로서 살아가는 방법이다.

마인드 터닝은 직장, 사업장, 가정살림 등 일상의 모든 곳에서 가능하다. 인연 닿는 모든 사람, 다가오는 여러 가지 사물, 일어나는 사건과 환경변화 등 내가 인식하는 모든 처처물물處處物物을 '참된 그 자리'에서 분별심 없이 대한다. 내가 대하는 일체의 사물과 사건에서 부처를 발견한다.

마인드 터닝을 하루하루 하다 보면 부처님 만나는 즐거움과 기쁨이 끝없이 이어진다.

남자는 '아내'라는 이름의 부처와 '자녀'라는 이름의 부처를 만나게 된다. 여자 역시 '남편'이라는 이름의 부처를 만나게 될 것이다.

'부모'라는 이름의 부처, '사장님'이라는 이름의 부처도 있고, '직장동료' 또는 '손님'이라는 이름의 부처도 만나게 될 것이다. 배신자 혹은 원수의 모습이나 이름으로 다가오는 부처도 있을 것이다.

그 어떤 이름의 부처, 그 어떤 모양의 부처를 만나게 되더라도 그 이름과 모양에 속지 않으면 된다. 부처가 부처를 만나는 자리, 그 자리가 바로 '참된 자리'인 것이다.

그래서 마인드 터닝은 '참나'로 사는 것이며, '참된 그 자리'에 머무르는 것이다.

일상생활을 온전히 영위하면서도 분별을 벗어나 있고 건강하든 병이 오든, 부유하든 가난하든, 즐거움이 오든 괴로움이 오든 관계치 않고 어떤 경계가 다가오더라도 분별을 일으키지 않는 것이다.

깨달음 이후의 생활이 현실을 외면하거나 일상에서 벗어난다면 이러한 깨달음으로 얻은 진리는 공허한 진리가 될 것이다.

마인드 터닝으로 살아가다보면, 현실적인 생업도 열심히 하게 되고 집착 없이 마음 편한 일상이 이어진다. 돈을 벌되 그 돈에 집착이 없고, 사람을 만나되 그 사람에게 애착을 갖지 않는다. 내 육신도 잠시 지수화풍 4대를 빌려 쓰고 있을 뿐 영원히 함께할 수 없는 것임을 이미 아는데, 굳이 다른 사람에게 집착할 필요성을 느끼지 않게 되는 것이다.

다만 인연 따라 주어진 일을 열심히 하고, 인연 따라 만나게 되는 사람을 부처님 대하듯이 할 뿐이다. 그냥 막 살다보면 가장 가까이 있는 사람들부터 마음의 상처를 입히게 되고 타인과 시비 갈등이 끊이지 않는다. 마인드 터닝으로 행불하는 일상생활은 늘 평안과 행복이 함께한다.

그러나 중생의 습기로 인해 자신도 모르게 문득 분별심이 솟아오를 때도 있다. 탐욕, 어리석음, 분노로 활활 타오를 수도 있다.

그 순간, 바로 그 순간에 숨 한 번 크게 들이쉬고 자기 자신과 사건/상황을 마인드 터닝으로 찬찬히 살펴보라. 일체 만법이 다 공空함을 알게 되고, 자유와 평안을 느끼게 될 것이다.

과거, 현재, 미래도 허상임을 재차 자각해야 한다.

마인드 터닝으로 무장된 이에게는 사실 분별심이나 탐진치가 머무를 수 없다. 마치 파리가 불꽃에 앉지 못하는 것처럼.

혜능 선사께서 말씀하셨다. "부처의 행이 곧 부처이니라." (육조단경 중)

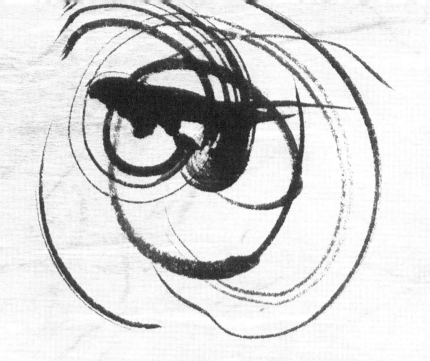

제 3 장

수행 어록

▶ 태어난 목적, 살아가는 목적은 오직 하나다. '참된 그 자리'를 찾아 즉시 성불成佛하고, 남은 평생을 행불行佛하며 살아가는 것. 이것 외에 다른 목적이 있을 수 없다. 이 진리를 만나고도 그냥 눈치만 보다가 이런저런 번뇌망상으로 세월을 보내는 사람이 태반이다. 그러다보면 이 몸은 점점 망가지고 마침내 몸을 벗어야 할 순간이 온다. 몸이야 벗어버리면 그만이지만 다음 생에 다시 진리를 만난다는 보장이 절대로 없으니 죽음이 임박해서야 피눈물을 흘리며 후회하게 된다. 그러니 정신을 바짝 차리고 이번 생에 이 참된 진리를 만난 인연을 귀하게 여겨 결실을 꼭 맺어야 한다.

▶ 세상사 바쁘다 해도 '참된 그 자리'를 찾는 일보다 바쁘고 급한 일이 없다. 죽을 때는 돈 한 푼 못 가져가고, 아내도 남편도 동반하지 못하는데 무슨 일이 그리 바쁘고 급한가? '참된 그 자리'도 모른 채 살아가는 이는 세상의 모든 일상이 허깨비요, 꿈인 줄을 알지 못한다. 깨닫지 못한 사람들은 탐진치로 가득 찬 세상의 실체를 알지 못하고 매일매일 속고 있다.

▶ 남의 살림살이나 기웃거리지 말고 자신의 중대사를 해결하라. 돈 벌고 출세하고 시집장가 가서 아이 낳는 것보다 중대한 일은 바로 '참나'를 찾는 것이다. 그런 다음, 세상일도 잘해 나가면서도 '참된 그 자리'에 항상 머무르는 것. 그것이 진정한 수행이다.

▶ 법문에 대한 철저한 믿음과 스승에 대한 신뢰, 이 두 가지 신심에 털끝만큼의 빈틈도 없어야 이번 생에 결실을 볼 수 있다. 어떤 일이 있어도 이번 생에 생사의 문제를 해결하고 억겁 중생의 삶을 끝내야겠다는 결심이 충만해야 한다. 억겁의 전생 동안 익혀온 중생의 습은 항상 이 결심을 허물게 한다.

▶ 길지 않은 인생이다. 오늘 같은 날이 영원히 이어질 것 같아도 잠깐이다. 내일 당장 어찌될지 모른다. 미루지 말고 즉각 깨닫는 사람에게만 대자유와 영원한 행복의 길이 열린다.

▶ 청년 시절 혹은 중장년 시절까지만 해도 혈기왕성하여 이런 말이 귀에 들어오지 않는다. 그러나 나이 들어 병고가 찾아들고 죽음이 가까이 오면 부와 명예, 좋은 음식과 좋은 옷, 음주가무가 다 부질없게 되고 살아온 인생을 후회하며 남몰래 눈물을 흘리게 된다.

▶ 어리석은 사람들과 옳다 그르다 시비하지 마라. 영리한 사람은 부질없는 다툼을 시작하지 않는다. 나만이 옳은 것 같아도 원래 옳고 그름이 없는 것이다. 옳고 그름이 있는 이상 근심, 걱정이 그치지 않는다. 화내지 마라. 다른 사람을 미워하지 마라. 화내고 분노하는 만큼 몸이 상한다. 인연 따라 생겨난 사건이려니 생각하고 그냥 물 흐르듯이 대하라.

▶ '참나'를 만나게 되면 세상의 부귀공명이 발톱의 때처럼 여겨질 때가 온다. 부귀공명이 덧없고 영원하지 않음을 깨닫기 때문이다. 대통령이나 장관의 벼슬은 물론 세계적인 석학의 지식도 생로병사의 바람에 언젠가는 다 날아가 버린다.

▶ 로또 1등, 사업 대박 같은 것을 바라지 말고 '참된 그 자리'를 찾아가는 진리의 길을 가라. 그러다 보면 로또 1등, 사업 대박보다 더 큰 재물이 자연히 따라온다. 누가 로또 1등 당첨금을 나에게 주더라도 거절해야 한다. 나중에 몇 배의 재앙으로 돌아오기 때문이다. 이 세상에는 절대 공짜란 없다. 내가 먼저 베풀면 나중에 더 큰 복락으로 돌아온다.

▶ 고통은 생각에서 온다. 보통 욕구가 성취될 때 행복의 정서를 체험하게 되고, 욕구가 좌절될 때 불행의 정서를 체험하게 된다. 그러나 욕구가 성취/좌절되었다는 것은 결국 생각일 뿐이다.

▶ 고통은 어떤 사물이나 상황을 독립된 실체로 보는 데서 시작된다. 욕구하는 '나'와 욕구의 대상물을 실체로서 존재한다고 생각하면, 거기에 가치를 부여하게 되고 욕구하게 된다. 그러나 욕구는 성취되면 그 즉시 더 큰 욕심이 생겨나며, 좌절되면 슬픔과 분노가 일어난다. 그래서 욕구를 놓아버려야 고통에서 벗어나게 된다. 욕구를 내려놓는 방법은 존재의 실체가 '공'임을 보는 것이다.

▶ 공의 목적은 부정이 아니라 집착을 막고자 함이다.

실체로 보면 → 가치 부여 → 가치를 부여하는 만큼 집착 → 집착하는 만큼 고통

무상으로 보면 → 가치 × → 집착 × → 집착하지 않는 만큼 자유 (해탈)

이처럼 인식 주체가 인식 객체에 대해 집착하지 않을 때, 평화와 행복을 누리게 된다.

▶ 무엇인가를 성취하기 위해 집착하는 것이 고통의 시작이다. 성취하고자 하는 것이 많은 만큼 성취할 때까지 불안, 긴장이 계속된다. 성취하면 행복감을 느끼지만 이는 일시적이며, 더 큰 성취목표를 향해 불안, 긴장이 재현된다. 그러므로 이미 성취한 것과 이미 주어져 있는 것을 발견하고 느껴야만 지극한 행복을 누릴 수 있다.

▶ 깨닫게 되면 항상 즐거운 마음, 감사하는 마음으로 생활하게 된다. 불평, 불만은 오는 복도 돌아가게 만든다. 복 지을 일이 있으면 주저하지 말고 그냥 행하라. 어리석은 사람은 '조상, 부처님, 하나님'이 복을 주는 줄 안다. 복은 자기가 짓고 자기가 받는 것이다. 즉시 깨닫고 행불하며 살아라. 이 길만이 영원한 행복을 보장하는 길이다. 깨닫지 못하면 돈, 명예, 여자(남자)에 대한 욕심 때문에 정신 차릴 수 없는 것이 현대인의 삶이다. 이 공부는 일상생활에도 유용하지만 죽음에 이르러 큰 효험이 있다.

▶ '참된 그 자리'에서는 무한의 시야로 보게 된다. 무한의 기준으로는 1도 0과 같고, 백만도 0과 같다. 우주공간도 먼지에 불과하며, 사람의 일생은 찰나이고, 이 지상의 큰 사건들도 다 물거품에 지나지 않는다. 그래서 일체를 누리되 집착하지 않으며 대자유와 지극한 행복감을 누리게 되는 것이다.

▶ 깨달은 다음에 할 일이 무엇일까? 아무 일 없이 그냥 존재하면 된다. 정확히 말하면 그냥 존재(무기)가 아니라 지복을 누리며 존재하는 것이다. 갖지 못한 것에 욕심내는 마음은 사라지고 이미 가진 것, 노력 없이 주어진 것에 감사하면서 현재의 행복을 만끽하게 된다.

▶ '공'을 보여주겠다. (손을 들며) 이것이 실체라고 하자. 우리가 아는 실체는 이렇다. (손을 흔들며) 쉽게 움직이고 쉽게 변한다. 여기에서 기대와 분별이 생기고, (손을 치운다) 실망과 고통도 생겨난다. 손이 있다가 없어진 자리에 이제 '허공'이 있다. 이 허공마저 치우면 그 자리가 '공'의 자리, 즉 '참된 그 자리'다. 즉, 다 놓아버리면 참된 그 자리가 드러나는 것이다.

▶ 자동차를 분해하여 차체, 엔진, 유리, 타이어로 분리해 놓으면 그 어느 것도 자동차가 아니다. 세상의 모든 무형적·유형적 존재를 '실체'로 보는 것 역시 바라보는 사람의 생각일 뿐 분해하여 살펴보

면 그 실체가 없다. 마지막으로 '나'라는 존재를 하나하나 분리하여 생각해보라. '무아'를 절감하고 해탈이 시작된다.

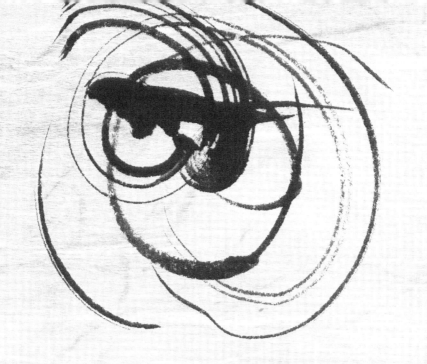

제 4 장

생활 명상록

1

길을 걷다가

서면 지하상가를 걷다가 문득 맞은편에서 걸어오는 사람을 보았다.

평범한 30대 중반의 남자였다.

나는 그 자리에서 문득 이런 상상을 해보았다.

지금부터 50년 전이라면?

50년 전…… 그 남자는 아직 육신을 받기 전이어서 아무런 모습이 없었다.

또한 100년 후의 모습도 상상해보았더니……

100년 뒤 그 남자의 육신은 이미 흙으로 변해 있었다.

50년 전 모습부터 100년 뒤 모습까지

하나의 영화처럼 연속으로 이어서 보면,

모습이 없던 그는 이 세상에 육신의 옷을 입고 태어나
소년기, 청년기, 장년기를 거쳐 노년이 되었다.

그 과정에서
영원하지 않은 갖가지 이름의 모습과 사물, 현상들이
영원하리라 믿은 그에게 희로애락의 고품를 안겨주었다.

이윽고 죽음이 있었고,
시간이 흘러 그 육신은 마침내 흙으로 돌아갔다.

원래 이름과 형상이 없던 그는
처음 그 자리로 돌아간 것이었다.

길을 걷다가 수많은 군중을 보았다.
아주 많은 사람들이었다.

남자와 여자 그리고 어린아이와 노인들도 있었다.

100년 전부터 시작하여 100년 후까지의 모습을 연속하여 보면,
그들은 전체로서 '무'였다가

'존재'로 나타났으며

'생명'의 과정을 거쳤다가 다시 '무'로 환원되었다.

존재 자체가 영원하지 않으니

그들이 겪었을 희로애락 역시 덧없는 바람과 다를 바 없었다.

나는 지금 길을 걷고 있다.

내가 바라보는 저 사람들의 이면에는

그들 육신의 진짜 비밀이 남김없이 보이고 있었다.

2
물 한 잔에 관한 명상

나는 지금 컵 안에 담긴 '투명한 액체'를 보고 있다.

이것은 보통 '물'이라고 불리며

부드럽고 투명하며, 일정한 모양 없이

그것을 담은 컵이나 그릇의 모양에 따라 형태를 달리한다.

그것은 보통 액체의 상태로 있다가 외부의 온도변화에 따라

얼음이 되기도 하고 수증기가 되기도 한다.

0℃에서 응고하여 얼음이 되고, 100℃에서 끓어 수증기가 된다.

얼음이 되고 수증기가 되면서 그것의 모습과 촉감은 변화한다.

또한 그때마다 물, 얼음, 수증기 등으로 그 이름이 바뀐다.

하지만 이 사물의 본질은 항상 같다.

내가 지금 보고 있는 이 사물의 모습을
현재 모습(부드럽고, 투명하며, 일정한 모양이 없는……)으로만
존재할 것을 고집하지 않는다.

현재의 모습은 어떤 조건(외부온도)의 변화에 따라
얼마든지 가변적이기 때문이다.

그래서 나는 이 액체가 외부 온도에 따라
그 모습과 이름을 달리하더라도 화를 내거나 놀라지 않을 것이다.

이와 같은 이치로 나는,
내가 매일 접하는 나의 가족이나 친구, 회사 동료나 아는 이웃사
람이 오늘 나에게 보이는 모습으로 계속 있을 것을 고집하지 않는다.

그들의 모습은 오늘 그들에게 주어진 외부조건(생활환경 혹은
그날의 신체컨디션 등) 하에서 나에게 보이는 모습일 뿐이다.

예를 들어,

어느 날 그들이 나에게 까닭 없이 화를 낸다면

당황하며 불쾌해하기보다는

혹 그들이 미처 눈치 채지 못한 다른 환경은
무엇일까 찬찬히 살피는 것이 현명한 일이다.

외부온도에 따라 변화하는 '어떤 투명한 액체'와 마찬가지로
그들의 변신(?)은 나름대로 당위성이 있을 것이기 때문이다.

또한 그들이 어제는 '친구'의 이름을 갖고 있다가
오늘 그 이름을 바꾸더라도 놀라거나 괴로워하지 않을 것이며,

어제는 '적'이 오늘 그 이름을 '친구'로 바꾸더라도
가벼이 기뻐하지 않을 것이다.

'물'이 '얼음'이나 '수증기'로 그 이름과 형태가 변하는 것처럼
그냥 그대로 무심히 바라보아야겠다.

어떤 사람의 오늘 모습이 어제와 같을 때에는 안심이 되고
그 모습이 어제와 다를 때는 불안하다면
나의 삶은 무척 고단할 것이다.

조건과 환경에 따라 사물은 얼마든지 변화하는 것이며

그 변화에 대해 사물은 아무런 잘못이 없다.

사물의 진짜 모습은 '오늘 내가 본 모습'에 한정되지 않으며,
조건과 환경에 따라 언제든지 변할 수 있는 가능성을 포함하고
있기 때문이다.

그래서 사물의 진짜 모습은 끊임없는 변화 속에 있는 것이며,
'오늘 내가 본 사물의 모습'은 그 변화의 와중에 우연히 나에게
인식된 한 장면일 뿐이다.

나는 지금 컵 안에 담긴 '투명한 액체'를 보고 있다.
이 사물의 본질을 통해
조건이나 환경에 따라 언제든지 변화될 수 있는 것이
또 다른 사물이나 사람들의 본질임을 알 수 있다.

컵을 들어
천천히 물을 마신다.
목이 마를 때는
물에다 얼음조각 몇 개 띄워서 마시면 시원하다.

3
현재, 지금, 이 순간에 집중!

그대여,

과거의 어떤 일을 후회하고 있는가?

혹, 미래에 일어날 어떤 사건을 걱정하고 있는가?

그런데 바로 그 순간, 더 큰 문제가 생기고 있네.

즉, 그대가 과거와 미래에 대한 온갖 잡념으로 허비하는 시간이

바로

보물 같은 '현재'를

열심히 갉아먹고 낭비하는 순간이라는 것!

과거나 미래는 허상이니, 오직 현재에 집중하게!

오토바이 위에 몸을 구부린 채 달려가고 있는 한 남자를 상상해

보게.

그는 오직 '현재의 순간'에만 집중할 수 있을 뿐이네.

그는 과거나 미래 같은 '연속된 시간의 흐름'으로부터는 단절된
한 순간, 한 순간에 집중하고 매달리고 있지.

그는 시간의 연속에서 자유롭고, 그는 시간의 바깥에 있으며,
일종의 엑스터시 상태에 있네.

그런 상태에서는
자신의 나이, 자신의 아내, 자신의 아이들, 자신의 근심거리 따위는
전혀 중요하지도 않고 관심도 없다네.

달리고 있는 동안 그는

과거에 대한 후회도 미래에 대한 불안도 없네.
따라서 그는 두려울 게 아무것도 없다네.

모든 걱정은
미래에 대한 걱정에 그 뿌리를 두고 있네.
(과거에 대한 아쉬움이나 후회 역시 미래의 사건으로 재발하지
않을까 하는 걱정으로 환원하는 경우가 많네.)

그래서

미래에 대한 걱정으로부터 해방된 자는 아무것도 겁날 게 없다네.

그대여,

과거도 미래도 실은 꿈같은 것이고

단지 허상일 뿐이니

부디

지금 여기의 '현재'에 집중하며 살게.

순간이란 단위로만 존재하는 현재를 놓치지 말게.

4
잠시 멈추라!

깨달음의 체험을 하기 위해서 가장 먼저 해야 할 일은
깨달음을 향한 인위적인 노력을 쉬도록 하는 것이다.

오로지 밖을 향해 내달리기만 하는 자신의 모습을
매순간 '있는 그대로' 바라볼 수만 있다면,
단지 그것만으로 쉽게 깨달음의 체험이 시작될 수 있다.

자기 마음의 출렁거림을 무심히 바라볼 때,
마치 저 망망대해에 매순간 일었다 사라졌다 하는 무수한 파도
의 움직임과 자신의 마음이 조금도 다르지 않다는 사실을 알게
된다.

그렇다고 해서 그와 같은 파도의 움직임이 쓸모없는 것이라 오해

하지는 말라.

그것은 그 자체로 온전한 것이다.

무수한 파도가 일었다 사라지지만

어느 한 순간도 그 파도들이 바다가 아니었던 적이 없다.

파도가 곧 바다요, 바다가 곧 파도인 것이다.

우리의 존재 역시 마찬가지이다.

한 순간도 진리에서 벗어난 적도 없고, 벗어날 수도 없는 것이다.

'이미 진리 속에 있는 존재'가 진리를 찾아 방황하는 모습이

바다를 찾아 바다를 헤매는 '나'라는 이름의 파도인 것이다.

바다가 물고기의 좋고 나쁨을 분별하지 않듯이,

자신이 이미 진리 속에 있음을 깨달은 이는

그 어떤 모습이나 이름도 취사선택하지 않는다.

마치 맑은 거울이 그 앞에 다가오는 어떤 모습이라도

아무런 분별없이 그저 비추듯이.

'절대불변의 영원한 진리'를 찾아서 바깥세상을 방황하는 사람들
도 많다.

이는 마치 파도가 자기 자신이 바다인 것을 모르고, 바다를 찾아 나서는 것과 같다.

그런데 진리의 탐구과정에서 접하게 되는 수많은 말과 글(경전), 그리고 타인의 생각들 중에서
이미 자신이 간직하고 있던 이미지(이른바 '진리'에 대한 이미지)를 서로 맞추어보다가 그중에서 가려내는 진리가 과연 진짜 진리일까?

그러나 그것은 자기 자신이 만든 진리의 이미지에 적응해 나가는 과정이며, 그가 가려낸 진리 역시 '자기만의 우상'에 불과하다.

그러니 자기 안에서 그 진리를 찾아야 한다.
아니, 이미 자기 자신이 진리인 것을 알아야 한다.

하나의 생각이 일어날 때, 그 생각의 언저리에서 맴돌며 희로애락할 것이 아니라, 얼른 그 생각이 나온 본바탕을 되돌아 살펴서 그 근원을 밝혀야 한다.

그러면 그 순간 눈에 보이는 모든 현상은 '지금 있는 그대로' 완전하며, 다시는 어떠한 사량분별도 할 필요가 없음을 알게 될 것이다.

'있다/없다', '같다/다르다'와 같은 모든 상대적인 용어들이
실은 인간들이 '언어'와 '개념'을 사용함으로써 생겨난
허망한 분별작용의 소산이며,
실제로 그런 것은 존재하지 않는다.

그러니 무엇이 옳으니, 그르니 하는 마음의 작용은
사물의 본질과는 무관한 번뇌망상에 지나지 않으며,
무지에서 비롯된 내 살림살이에 불과할 뿐이다.

많은 사람이 지금 이 시간에도
교회나 절, 그 밖의 이러저러한 종교 사이트를 찾아다니면서
자신들의 고달픈 마음을 편안히 만들고자 한다.

하지만 마음이 편해지는 시간도 잠시일 뿐,
곧 다시 마음은 산란해지고
자신에게 다가오는 이런저런 일들로 인해 갈등은 또다시 반복된다.

그러니, 이 세상에 '영원히 지속되는 것'은 없다는 것을 분명히 알
고 부질없는 유위행有爲行을 잠시 멈추어야 한다.

5
직장인 스트레스 탈출법

직장인들의 일상은 스트레스의 연속이다.

스트레스가 전혀 없을 수는 없겠지만 과도한 스트레스는 건강에
악영향을 미친다.

직장인들이 스트레스를 극복할 수 있는 '마인드 터닝' 활용법을
소개한다.

<u>1. 아침에 일어나 대문을 열고 나가는 순간, 이 세상을 하나의 무
대(거대한 연극무대)라고 생각한다.</u>

'오늘 나는 한 사람의 배우로서, 내가 맡은 역할(role)을 충실히
하기 위해 이 거대한 무대에 오른다.'고 생각한다.

2. '사건' 과 '나' 를 분리하여 생각한다.

직장 상사 혹은 동료직원의 말이나 행동으로 인해 기분이 불쾌(사건 발생)할 경우가 있다. 사건이 발생한 것이다.

그런데 그 사건은 마치 연극무대의 한 장면과도 같다.

내가 맡은 역할이 상대 배우로 인해 불쾌해야 하는 장면인 것이다.

그들의 진짜 목적이 '나를 기분 나쁘게 만드는 것'은 아니었다.

그들 역시 자신들이 맡은 역할(회사일)을 잘하려고 하는 과정에서 본의 아니게 나의 마음을 불편하게 한 것일 뿐이다.

즉, 그 사건(내가 불쾌한 사건)은
배우들이 각자의 역할(회사의 일)을 수행하는 과정에서 발생한
장면 중의 하나일 뿐이다.

그 사건으로 인해 내 인격의 본질적인 부분이 변하는 것은 전혀 없다.

배우가 연극무대에서 '죽어가는' 연기를 했다고 해서 실제로 죽은 것은 아닌 것과 같은 이치이다.

배우는 다만, 자신에게 맡은 역할을 충실히 하는 것이고,
그 사건은 그 역할을 맡은 배우가 감당해야 하는 하나의 '장면'이다.

3. 회사의 골치 아픈 문제점이 곧 나의 '밥벌이' 라고 생각한다.

회사에 골치 아픈 문제가 있는가?

정말 이해되지 않는 비정상적인 일들이 일어나고 있는가?

그런데 사실 그 문제들이 바로 그대의 '밥벌이'다.

회사에 아무런 문제가 없고, 모든 것이 정상적으로 잘 돌아간다면

적어도 그 회사에 '그대의 일자리'는 없다.

만약 그러한 회사가 있다면 그 회사는 자선사업을 하는 단체일

것이다.

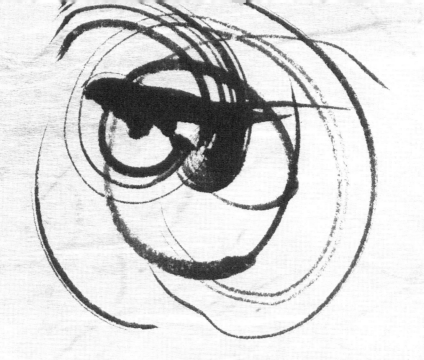

제 5 장

개인 수행기

1964년 부산에서 태어나 김현철이라는 세속의 이름으로 살아가고 있는 한 사람이 있습니다. 건국대 법대를 졸업한 뒤 현대, LG 등의 계열사와 부산의 중소 기업체 등 지금까지 약 20여 년간 직장생활을 하였습니다.

많은 분들과 마찬가지로 그도
살아가는 존재이유를 찾기 위해 혹은 참된 진리를 찾기 위해
20여 년간 철학과 문학, 종교와 심리학 등의 독서와 명상으로 청춘의 세월을 허비하였습니다.

그러다가
2004년 8월경 문득 깨달음의 체험을 하게 되었고,

이후 그에게 다가오는 삶은
아무것도 생겨나지 않고 아무것도 사라지지 않는
불생불멸의 대자유 바로 그것이었습니다.

돌이켜 생각해보면
세속의 기준으로 본 그의 개인적인 생활사는 그 과정이 녹록치 않은 것이었습니다.

개인적 사정으로 인해 철없는 어린 시절부터 친척들의 집을 전전

하면서 겨우 고등학교까지 마칠 수 있었고, 대학생활을 위해 서울로 갔습니다. 4년간 등록금 면제에 매월 생활비 지급이라는 월급쟁이 대학생의 길 외에는 대학에 다닐 형편이 되지 않았던 것이지요.

대학 시절 4년 내내 새벽 6시부터 밤 11시까지 도서관에서 사법시험 준비에 매진하면서

틈틈이 철학과 학생들의 전공과목을 하나씩 수강한 것이 유일한 청춘의 '일탈'이었고,

그마저 지겨우면 이상과 기형도의 시를 읽으며 공상에 젖기도 하였고, 때로는 지휘자가 된 것처럼 볼펜을 지휘봉 삼아 휘저으면서 이어폰으로 모차르트와 베토벤의 작품들을 듣기도 하였죠.

사실 그 내면에는…… 그의 의지와는 무관하게 애초부터 주어졌던 가난과 외로움 등등 소위 운명이라는 것에 대한 원망과 미래에 대한 불안감 등이 뒤섞여 있었고, 과연 '삶의 궁극적 의미는 무엇일까?'라는 질문이 끊임없이 그를 몸부림치게 만들었던 것 같습니다.

결국 고시 패스의 목표를 이루지 못한 채 대학을 졸업하였고,
이후 직장생활을 계속하였지만,

이는 빵의 문제를 해결하기 위한 여정이었을 뿐
그가 궁극적으로 추구하는 삶의 모습은 아니었던 것 같습니다.

어디서도 행복하지 못했고, 끊임없는 자살의 유혹에 시달렸습니다.

철없던 어린 시절(1975년 여름), 그에게 작은 사건이 하나 있었습니다.

맛있는 열매를 따기 위해 개울가 근처 왕벚나무에 올랐다가 나뭇가지가 부러져 4~5미터 아래로 추락한 사건이었습니다. 초등학교 5학년 때였습니다.

크고 작은 돌과 작은 바위들이 있는 개울가였기에 자칫 죽을 수도 있는 큰 사건이었으나 다행히 왼쪽 무릎 근처에 상처(아홉 바늘을 꿰매는 정도)를 입고 병원에 업혀가는 정도로 사건은 수습되었습니다.

그런데 지금도 생생한 기억으로 남는 특이한 체험을 하게 됩니다.
떨어지는 그 순간 일종의 임사체험을 하게 된 것이지요.

나뭇가지가 부러지면서 떨어지는 그 순간,
갑자기 시간이 늘어지지 시작했습니다.
6~7초 정도에 불과했을 그 짧은 순간이 마치 영원처럼 느껴졌습니다.

마치 비디오가 슬로모션으로 작동하는 것처럼

지나간 그의 삶이 장면장면
—잊고 있었던 사소한 장면까지 모두—
집약적으로 다 보였던 것입니다.

화면 색깔은 온통 붉은색이었습니다.

지금 회상해보면,
태어나서 그때까지 살아왔던 모든 장면이 일순간에 보이는 것이
너무나 신기했습니다.

무섭다거나 불안한 느낌은 전혀 없었지만,
'화면 속의 아이(그 자신)의 삶이 참 안 돼 보였고 불쌍하다'
는 느낌은 있었습니다.

그 이후
'사람은 어디서 와서 어디로 가며,
이 세상과 우주의 근본원리는 무엇일까?' 등의
막연한 공상이 그로부터 떠나지 않았습니다.

초등학교 6학년 때 전교 어린회장에 뽑힐 정도로
친구들과도 잘 지냈지만,
정작 부모님 없이 친척 집을 전전하며 살아야 했던 그였기에

특히 '엄마의 부재'라는 한계상황은

선생님들과 친구 어머니들의 칭찬이나 위로 정도로는
치유되기 힘든 허전함과 외로움을
그 아이에게 안겨주었던 것 같습니다.

그러던 중,
고등학교 2학년 때 우연히 읽게 된 윌 듀런트의 『철학이야기』가
그의 인식체계 형성의 뼈대가 되었고

이후, 사법시험 준비기간은 물론 직장생활을 하면서도
철학의 바탕 위에 문학, 불교, 심리학, 정신의학 등의 독서를 통해
인간이 느끼는 행복과 불행의 근원이 무엇인지를 탐구했습니다.

법학을 전공하고, 고시공부를 한 것은
불우한 어린 시절에 대한 반발 내지는 보상심리가 작용한 까닭이
었을 것이고,

철학과 시, 음악 감상에 몰입한 것은
그가 누릴 수 있는 일종의 사치였다고 봅니다.

빵의 문제만 해결되었다면

애초부터 법학이나 고시공부는 안중에도 없었을 것입니다.

대학을 졸업하고 직장생활을 하면서도

자유롭고 행복한 삶의 열쇠를 찾기 위한 그의 치열한 노력은 계속되었는데……

성경공부와 교회 출석, 명상과 독서, 간화선과 불경공부,

단식, 여행, 수행 프로그램 참가 등……

그러기를 약 20년

항아리에 물을 붓다보면

언젠가는 물이 넘치게 되는 이치와 같이

2004년의 어느 날, 문득 그에게도 벼락같은 인연이 닿았지요.

어두운 터널을 지나 빛을 찾은 것처럼

마침내 삶의 이치를 근본적으로 판가름 내는 중요한 깨달음이 온 것입니다!

그 깨달음은 그전의 노력과는 아무런 상관이 없는 깨달음이면서

그 모든 노력이 녹아든 결실이기도 했습니다.

그 이후로는,

그는 예전 시절의 아픔조차 웃으며 얘기할 수 있는 여유가 생겼
지요.

깨닫고 보니, 사실 그동안 그에게
아무 일도 일어난 적이 없더군요.

한 마음 돌림으로써
세상의 모든 것을 다 얻기도 하고
세상의 모든 것에서 자유로울 수 있는

오묘하고도
감격스러운 진리……

푸하하하!

그에게 펼쳐진 이후의 삶을
어찌 한마디 말로 형언할 수 있겠습니까?

다만,
언제 어디서든
사물의 모습을 있는 그대로 보며
매순간

있는 그대로 누리며 살게 되었다는 것만은 확실하지요.

그즈음 그는 소유와 소비의 생활이 다 덧없음을 알고
먼저, 사후 시신 및 장기 일체를 기증하였습니다.

또한,
그 이전의 그처럼
주어진 삶을 있는 그대로 누리지 못하고
영원한 행복과 대자유를 누리지 못하고 살아가는 사람들에게
도움을 줄 수 있는 길을 모색하게 되었습니다.

말하자면,
삶에 대한 그의 인식이 근본적으로 재정립되어

앞으로 남아 있는 삶의 시간들을
타인들과의 부질없는 경쟁과
소유와 소비의 쳇바퀴질로
허비하는 대신

그와 인연 닿는 모든 분에게
'참된 그 자리'를 찾을 수 있도록 도와드리겠다는 서원을 세운 것
이지요.
이 책이 탄생한 것 역시 그러한 서원에서 비롯된 것입니다.

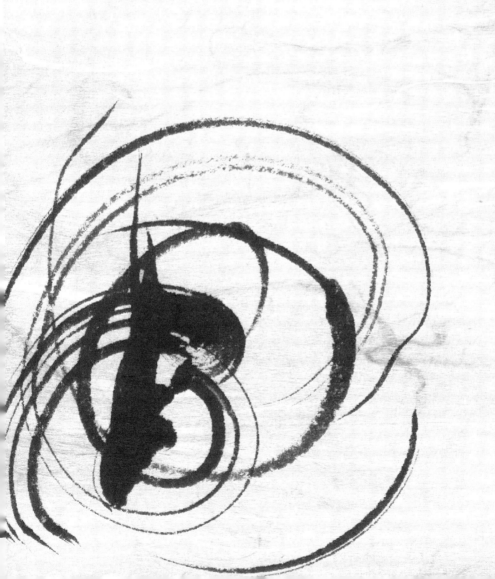

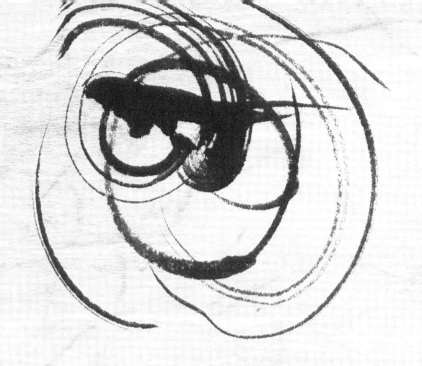

부록 : 禪의 에센스—화두

'참된 그 자리'를 보기 위해서는 분별심을 녹여야 한다. 화두는 분별심으로 해결할 수 없는 문제를 제시함으로써 분별심이라는 질환을 치료하기 위한 목적으로 만들어진 것이다. 질문과 답변, 말의 앞뒤가 논리적으로 옳은지 그른지는 전혀 중요하지 않다. 분별심을 알아차리게 하고 이를 벗어나게 할 때 진정한 화두, 살아 있는 화두가 될 수 있다.

화두참선(간화선)은 그 무엇과도 비교할 수 없는 정도의 수승한 수행법이지만 사실 나는 도반들에게 화두참선을 권하지는 않는다. 개인적으로 관심있는 이들은 간화선의 스승들을 찾아 수행해도 좋을 것이다. 화두참선이든 생활명상이든 우리를 깨달음으로 이끌 수만 있다면 좋은 방편이라 할 것이다. 그러나, 화두에 집착하는 것은 바람직하지 않다. 이는 마치 강을 건너기 위해 사용했던 뗏목이 고마워 강을 잘 건너간 이후에도 짊어지고 다니는 것과 같다. 화두는 강을 건너는 뗏목과도 같다. 강을 건넌 이후에는 버리면 된다.

여기 21개의 화두를 소개한다. 하나의 화두마다 필자의 의견도 덧붙였다. 설명을 금기시하는 선禪의 입장에서 보면 부질없는 구업口業을 하나 더 추가한 것이다. 21개의 화두만 통과하면 1,800개 화두 대부분의 본질을 통찰하게 될 것이다. 강을 건넌 이후에는 필자의 의견 - 필자의 의견 역시 생각이고 분별심일 뿐이다 - 도 버리고 화두도 버리기 바란다.

1
조주趙州의 무無

어느 스님이 조주선사에게 묻기를 "개에게도 역시 불성이 있습니까?"

조주선사가 답했다. "없다."

趙州和尙 因僧問 狗子還有佛性也無 州云 無

부처님께서는 일찍이 "일체 중생은 모두 불성佛性을 갖추고 있다."고 하셨다. 그런데 어찌하여 조주선사는 "없다."고 했을까?

일체 중생 모두에게 불성佛性이 있다는 말은 곧 본래성불本來成佛을 뜻한다. 그런데 조주선사에게 질문을 던진 이 스님은 부처님의 말, 경전에 기록된 문자에 집착하고 있다. 부처님이 말로 전한 가르침 외에 따로 전한 부처님의 마음을 깨닫지 못한 것이다. 그래서 조주선사는 이 스님의 분별심을 치료하기 위해 일부러 실언을 한 것이다.

　생각 이전의 자리, '참된 그 자리'에서 이 화두를 찬찬히 살펴보면 조주선사의 이 실언은 다만 실수를 한 것처럼 보일 뿐 실제로는 한 치의 오류도 없다. '참된' 자리에서 보면 이 답변은 너무나 명백하며, 맞고 그른 차별을 벗어나 있다.

　"개에게도 역시 불성이 있습니까?"라고 질문한 그 스님에게는
'개'와 '개 아닌 것'이 생겨났고
'불성'과 '불성 아닌 것'이 생겨났고
'있다'와 '없다'가 생겨났다.
입을 열기도 전에 불성과는 천길만길 어긋난 것이다.
'참된' 자리에 들어서기는커녕 근처에도 못 간 것이다.

　조주선사께서는 그 어긋남을 바로 잡기 위해 "없다."고 한 것이다.
그러한 생각(분별심)으로는 불성이 무엇인지 알 수 "없다."
분별심으로는 '참된 그 자리'에 들어설 수 '없다'는 것이다.

　그러나 조주선사께서는 방편으로 '무無'라 하였을 뿐이니
뜻을 따르지 말고 모양도 따르지 말고
따르지 않는다는 생각마저 벗어나 놓아버리면
'무' 하는 순간 불성이 온 천지에 가득하다.

스님이 묻고 조주선사께서 답하는 것,

이것이 바로 불성이다.

스님이 묻고 조주선사께서 답하는 것,

이것만이 있을 뿐이다.

이 자리가 바로 '참된' 그 자리이다.

스님과 조주선사가 차별 없이 일체가 되는 자리이다.

그러니 그 답을 '있다' 해도 되고 '없다' 해도 된다.

아니면 할을 해도 되고, 방을 해도 된다.

무문 스님의 경우 이 '무자' 화두를 받아 대오大悟하는 데 6년이나 걸렸다고 한다. 억겁의 전생을 거치면서 쌓아온 중생의 분별심을 벗어나는 것이 그만큼 어렵다는 것이다.

어느 스님이 조주선사에게 묻기를 "개에게도 역시 불성이 있습니까?"

조주선사가 답했다. "없다."

논리적으로 이해가 되지 않을 것이다. 그래야 한다.

이해가 되면 이미 화두로서의 자격을 상실한다.

이해를 하려고 노력하는 그 분별심부터 버리도록 하라!

2
가섭의 찰간迦葉刹竿

아난이 가섭 존자에게 물었다.

"세존께서 금란가사를 전하신 이외에 따로 무엇을 전해주었습니까?"

가섭 존자가 말하였다.

"아난아!"

아난이 대답하였다.

"네."

가섭 존자가 말하였다.

"문 앞의 찰간을 꺾어 버려라."

(찰간: 사찰 내에 덕이 높은 승려가 있음을 사람들에게 널리 알리기 위해 절 앞에 세우는 깃대와 비슷한 물건. 통상 나무나 쇠로 만들어진다.)

迦葉 因 阿難問云, 世尊 傳金欄袈裟外, 別傳何物.
葉喚云, 阿難. 難 應諾. 葉云, 倒却門前刹竿著.

부처님께서 가사 외에 전하신 가르침이 무엇이냐는 질문에 가섭 존자는 왜 문 앞의 찰간을 꺾어버리라고 했을까?

부처님께서는 일찍이 "정법안장正法眼藏 열반묘심涅槃妙心 실상무상實相無相 미묘법문微妙法門 불립문자不立文字 교외별전教外別傳이 있으니 이 도리를 가섭에게 전(傳)하노라." 하고 말씀하신 적이 있다. 즉, 그래서 아난은 가섭에게 부처님의 드러난 가르침(금란가사) 외에 부처님이 마음으로 가섭에게 전한 가르침(깨달음)은 무엇인가를 질문하였던 것이다. 그런데 가섭은 왜 질문에 대한 답변은 하지 않고 찰간을 꺾어버리라는 엉뚱한 이야기를 하고 있는 것일까?

찰간을 꺾어버리라는 것은 말과 모양에 집착하는 우리의 분별심을 꺾어버리라는 것이다.
부처님이 마음으로 전하신 가르침은 말과 모양, 이치와 분별심을 떠나 있는 것이다. 마음으로 전한 그 가르침은 분별심에서 벗어나 말과 이치에 속지 말라는 것이다. 그런데 그 가르침을 분별심으로 질문하니 분별심을 버리라고 하는 것이다.

깊은 계곡의 적막을 깨뜨리는 메아리를 멈추게 하기 위해 메아리를 향해 "조용히 하라!"며 큰 소리를 치면 조용해질까?

가섭이 아난의 질문에 대해 이런저런 설명으로 답변을 하게 된다면 분별심을 벗어나야 한다는 가르침을 분별심으로 답하게 되는 것이다. 이는 마치 계곡의 메아리를 잠재우기 위해 큰 소리로 나무라서 조용한 계곡을 만들려고 하는 것과 같다.

한편, 사찰 앞의 찰간은 그 절에 덕이 높은 스님이 있다는 표시일 뿐 그 찰간이 곧 고승은 아니다. 부처님이 마음으로 전하신 깨달음을 '말'로 전하는 것은 마치 고승(부처님의 깨달음)을 보여 달라는 사람에게 찰간(부처님의 사진)을 보여주는 것이다, 그래서 가섭은 찰간을 꺾어버리라고 한 것이다.

아난이 부처님의 마음을 설명으로 알아듣게 된다면, 이는 사람이 있음을 가리키는 물건(찰간)을 보고 그 사람(고승)을 보았다고 하는 것과 다를 바 없다. 그래서 가섭은 아난의 착각을 치료하기 위해 찰간을 꺾어버리라고 한 것이다.

말과 모양에 속지 않고 받아들이면 너무나 훌륭한 답변이 될 것이다.

부처님이 따로 전하신 가르침은 바로
"찰간을 꺾어버리라."는 것이다.

아니 찰간만 꺾을 게 아니라 사찰도 허물고 온 산하대지를 다 날려버리라는 것이다.
삼라만상의 무수한 이름과 모양을 꺾어버리라는 것이다.

그리고 마침내, 그 모든 것을 따지고 분석하는 사량분별과 번뇌망상의 어리석음도 허물어 버리라는 것이다.

'참된 그 자리'에서는 이름과 모양이 모두 차별 없이 하나가 된다. 그 모든 이름과 모양 사이에 아무런 차별이 없다. 있고 없고가 따로 없고, 생生과 사死가 따로 없다.

"세존께서 금란가사를 전하신 이외에 따로 무엇을 전해주었습니까?"
"아난아!"

"네."

"문 앞의 찰간을 꺾어버려라."

'따로 전한 그게 무얼까?'라고 생각하고 있는가?

따로 무엇이 있을 것 같아 궁리하는 그 마음에서 벗어나라.

그게 바로 따로 전한 그 무엇이니!

3
마음도 부처도 아닌 것不是心 不是佛 不是物

어느 스님이 남전 선사에게 물었다.

"사람들에게 다 말해주지 못한 법이 있습니까?"

남전 선사가 말하였다.

"있다."

선승이 다시 물었다.

"어떤 것이 사람에게 설하지 못한 법입니까?"

남전 선사가 말하였다.

"마음도 아니고 부처도 아니며 물건도 아니니라."

南泉和尙, 因 僧問云, 還有不與人說底法. 泉云, 有.

僧云, 如何是不與人說底法. 泉云, 不是心, 不是佛, 不是物.

어느 스님이 남전 선사에게 질문한 것은 남전 선사가 그동안 해온 설법說法 중에 혹시 누락되거나 빠진 내용이 있느냐는 질문이 아니다. 언어(말과 글)로서 전하는 설법 외에 부처님이 마음으로 전하신 깨달음이 무엇이냐는 질문이다.

이에 대해 남전 선사는 너무나 친절한 답변을 해주고 있다.
'마음'도 '부처'도 '물건'도 아니라고.

'마음'도 이름이요, '부처'도 이름이요, '물건'도 이름이라는 것이다.
그 모든 것은 이름일 뿐 실체가 아니니 말과 모양에 속지 말아야 한다는 것이다.

부처님이 마음으로 전하신 가르침은 이름과 모양을 벗어나 있다. 그러니 '마음'이라 해도 그 말을 따라가지 말고, '부처'라 해도 그 말을 따라가지 말고, '물건'이라 해도 그 말을 따라가지 말라는 것이다. 말을 따라가면 모양을 따라가게 되고, 말과 모양에 매이면 분별심에서 벗어날 수 없고, 분별심에 얽매이게 되면 생사에서 벗어날 수 없는 것이다.

'마음'도 '부처'도 '물건'도 다만 이름이다.

진리, 행복, 출세, 명예, 부귀 등등 그 모든 것이 다 이름이고 개념일 뿐이니 실체가 없는 것이다.

그것이 부처님께서 마음으로 전한 가르침이요, 남전 선사가 언어(말과 글)로서 전할 수 없었던 법法이다.

'참된' 자리에서는 마음과 마음 아닌 것, 부처와 부처 아닌 것, 물건과 물건 아닌 것에 차별이 없다. 그래서 마음이라 해도 맞고, 부처라 해도 맞고, 물건이라 해도 맞다.

또한 마음이 아니라 해도 맞고, 부처가 아니라 해도 맞고, 물건이 아니라 해도 맞다.

그리고 '참된 그 자리'에서는 맞고 틀리고 하는 것조차 아무런 차별이 없다. 맞는다고 하든 틀리다고 하든 그 분별에 얽매이지 않는다.

"사람들에게 다 말해주지 못한 법이 있습니까?"
"있다."

"어떤 것이 사람에게 설하지 못한 법입니까?"
"마음도 아니고 부처도 아니며 물건도 아니니라."

말해주지 못한 법? 그 어떤 이름에도 속지 말라는 법!

4
마음이 곧 부처 卽心卽佛

마조 선사에게 대매 스님이 물었다.
"어떤 것이 부처입니까?"

마조 선사가 대답하였다.
"이 마음이 곧 부처다."

馬祖 因 大梅問, 如何是佛. 祖云, 卽心卽佛.

먼저 이 화두와 관련된 이후의 얘기가 있으니 간략하게 알아본다.

"이 마음이 곧 부처"라는 말에 확철대오한 대매 선사는 은거하여 지내며 오후수행悟後修行에 여념이 없었다. 이때 마조 선사가 한 스님을 보내어 대매를 시험한다.

그 스님이 대매에게 "스님은 마조 스님으로부터 무어라고 들었기에 이 산중에 은거하고 무엇을 합니까?" 하니 대매가 대답하기를 "마조 스님께서 나보고 '즉심즉불卽心卽佛'이라고 했으므로 나는 지금 그 속에 살고 있습니다."

스님이 다시 말하기를 "마조 스님은 요즘은 '비심비불非心非佛'이라 하십니다." 하니

대매는 "마조께서 사람을 혼란케 해도 유분수지 정말 어처구니가 없구나. 비심비불非心非佛이란 말은 마조께 맡기고 나는 오로지 '즉심즉불卽心卽佛'이다."

그 스님이 이와 같은 문답 내용을 마조 선사에게 알리니 마조 선사는 크게 기뻐하면서 대중 앞에서 "매실이 익었구나." 하고 선언했다.

마조 선사는 마음이 만법의 근원이며, 세상의 모든 존재가 모두 마음으로부터 생기는 것이라고 했다. 스스로의 마음이 곧 부처이며 마음 밖에는 따로 부처가 없고 부처 밖에 마음이 없다는 것이다. 불교 경전에서 자주 사용되는 마음心이라는 표현은 이처럼 본래 마음(불성)을 의미하기도 하지만 어떤 경우에는 분별심을 뜻하기도 한다. 마조 선사가 말하는 마음心은 자성自性이고 본성本性이며 '참된 그 자리', '본래 자리'를 의미한다.

대매 스님은 마음이 곧 부처卽心卽佛라는 마조 선사의 말을 듣고 깨달음을 얻었다고 한다. 그리고 그 이후 비심비불非心非佛이라는 말을 듣게 되었지만 대매 스님은 아무런 갈등도 일어나지 않고 깨달음이 흔들리지도 않는다. 이미 '참된 그 자리'를 확인하였으므로 더 이상 말과 모양에 집착하지 않기 때문이다.

즉심즉불卽心卽佛이든 비심비불非心非佛이든 아무런 차이가 없다. 이름과 모양을 취하면 즉심즉불卽心卽佛도 분별망상이요, 이름과 모양을 얽매이지 않으면 즉심즉불卽心卽佛이든 비심비불非心非佛이든 아무런 차이가 없다.

'참된 그 자리'에 들어서면 더 이상의 말과 모양은 불필요하다. 매실이 익었다는 것은 깨달음이 완성되었다는 것, 본래성불의 경지에 들어섰다는 것이다.

"어떤 것이 부처입니까?"
"이 마음이 곧 부처다."

마음이 부처라니, 한 대 쥐어박아아겠군!

5
조주 선사가 암주를 시험하다 州勘庵主

조주 선사가 한 암주를 찾아가 말했다.
"있느냐? 있느냐?"

그 암주가 주먹을 치켜들었다.

조주 선사가 말했다.
"이곳은 물이 얕아서 배를 댈 수 없군!"
그러고는 가버렸다.

또 다른 암주를 찾아가서 말하였다.
"있느냐? 있느냐?"

그 암주 역시 주먹을 치켜들었다.

조주 선사가 말하였다.

"능히 주기도 하고 능히 빼앗기도 하며, 살리고 죽이고 자유자재하구나!"

그러고는 문득 절을 하였다.

趙州到一庵主處問 有?有? 主竪起拳頭 主云 水淺不是泊舡處

便行 又到一庵主處云 有?有? 主亦竪起拳頭 州云 能縱能奪 能殺能活 便作禮

조주 선사가 두 명의 암주(암자의 주인)에게 "있느냐?"고 물었다. "깨달음의 경지, '참된'자리에 머무르고 있느냐?"라고 물어본 것이다. 두 명의 암주는 같은 행동(주먹을 치켜드는 행동)을 보였는데 이에 대한 조주 선사의 평가는 완전히 상반된 것이었다.

반복되는 말이지만 선禪은 어리석은 분별심에서 벗어나게 하는 것을 가장 중요시한다. 분별심의 족쇄를 벗어나 순간 일초즉입여래지一超直入如來地가 되며 그 자리(如來地)가 곧 '참된' 자리, 참나가 머무르는 본래 자리이다.

두 암주에게는 어떤 우열이 있었을까? 아니면 두 암주 간에는 아무런 우열도 없다고 보아야 하는 것일까? 어찌하여 조주 선사께서는 같은 행동을 한 두 사람에 대하여 상반된 평가를 한 것일까? 어쩌면 그 평가는 상반된 것이 아니라 두 사람 모두 같이 긍정하거나 같이 부정하는 동등한 평가였던 것일까?

사실 조주 선사의 질문은 두 암주가 아닌 우리를 향해 있다.
우리는 이미 조주 선사의 그물에 걸려든 것이다.
함정에 빠져 죽지 않으려면 그물에서 벗어나는 방법을 찾아야 한다.

조주 선사의 질문에 한 암주가 답했다. 조주 선사의 질문에 또 다른 암주도 답을 했다.
두 암주가 같은 행동을 보인 것, 조주가 같은 행동에 대해 상반된 평가를 한 것.
이것 모두 우리의 분별심을 치료하기 위한 조주의 영약이다.

같다/다르다, 맞다/틀리다에 머물러서는 '참된 그 자리'에 들어설 수 없다.
조주가 제대로 묻고 암주가 제대로 답했다는 것. 이것이 이 화두의 진실이고 전부이다.
묻는 말에 답하고 묻는 말에 답하는 것. 그것뿐이다.

두 사람의 같은 행동에 대한 조주 선사의 상반된 평가. 이 화두를 가지고 말과 이치를 따져서 이해하고 그 해답을 구하려는 것이

중생의 분별심이다. 조주 선사는 그것을 명백히 드러내기 위해 함정을 파놓은 것이다.

이것이 곧 조주 선사의 그물임을 알아차리면 그물은 환영幻影과 같이 사라진다. 조주 선사가 암주를 시험한 것이 아니라 우리를 시험하고 있는 것이다.

그것을 알아차리는 그 순간 우리는 '참된' 자리에 들어서게 된다.

"있느냐? 있느냐?"
그 암주가 주먹을 치켜들었다.

"이곳은 물이 얕아서 배를 댈 수 없군!"

"있느냐? 있느냐?"
그 암주 역시 주먹을 치켜들었다.

"능히 주기도 하고 능히 빼앗기도 하며, 살리고 죽이고 자유자재하구나!"
그러고는 문득 절을 하였다.

같은 행동에 같은 반응을 보여야 한다는 그대의 고정관념만 버리면,

그것이 곧 약견제상비상若見諸相非相이니

조만간 즉견여래卽見如來하겠군!

6
서암이 주인공을 부른다瑞巖喚主人

서암언 선사는 날마다 스스로 "주인공!" 하고 부르고 "예." 하고 스스로 대답하고는 이내 "정신 차려! 깨어 있는가?" 하고 묻고 "예." 하고 대답하고, "어느 날 어느 때도 남에게 속지 말라!" 하고는 "예, 예." 하고 자문자답하였다.

瑞巖彦和尙, 每日自喚主人公, 復自應諾. 乃云, 惺惺著, 諾. 他時異日, 莫受人瞞, 諾諾.

'주인공'은 누구이며 "예." 하고 대답하는 이는 또 누구인가? 자신이 대답했으니 서암 자신인가?

깨달음의 세계는 '분별심으로 얼룩진 나我'는 녹아 없어지고 '참나'가 주인공으로 대자유와 영원한 행복을 누리며 살아가는 세계이다. 이러한 깨달음의 세계가 곧 '참된' 자리이며 불국토佛國土이다. 그 자리에는 나와 너가 없고, 옳고 그름이 없고, 크고 작음이 없다. 생生과 사死도 없으며 중생과 부처도 없다. 모든 것이 차별 없이 일체이며 하나 되는 자리이다.

서암이 주인공을 부르고 스스로 답을 한 것은 '분별심으로 얼룩진 가짜인 나我'를 벗어나 '대자유와 지복을 누리는 참나'로 살아감을 날마다 확인한다는 뜻이다. 광대무변한 깨달음의 세계, '참된 그 자리'에 항상 머물며 살아감을 확인하는 것이다. 또한, 문득 분별심을 일으켜 자신도 모르게 '참된 그 자리'에서 벗어나게 되는 것을 경계하여 스스로를 단속하며 살아간다는 의미이다.

주인공은 본래성불을 확인한 '참나'이며 자신에게 내재된 불성이다. '참된 그 자리'에 머무르는 우주만유의 본체이며 일체만물에 차별을 일으키지 않고 자유자재하며 살아가는 것이 바로 주인공이다.

스스로 "주인공!" 하고 부르면 "예." 하고 대답하고
스스로 "정신 차려! 깨어 있는가?" 하고는 "예." 하고 대답하고
"어느 날 어느 때도 남에게 속지 말라!" 하고는 "예, 예." 하고 자문 자답하였다.

사흘만 그대로 따라해 보라!

7

남전이 고양이를 베다南泉斬猫

어느 날 동당과 서당 간에 고양이 새끼 한 마리로 시비가 벌어지자 남전 선사가 고양이 새끼를 치켜들고 말하였다.

"대중이여! 내가 고양이를 든 이유에 대해 맞게 답하면 고양이를 살리고 맞게 답하지 못하면 고양이의 목을 베리라."

대중 가운데 한 사람도 대꾸하지 못하자 남전 스님이 드디어 고양이를 베어버렸다. 밤늦게 조주 스님이 외출했다가 돌아오자 남전 스님이 낮에 있었던 일을 말하니 조주 스님은 아무 말 없이 짚신을 벗어 머리 위에 이고 나갔다. 남전 스님이 말하였다.

"네가 만약 있었더라면 고양이 새끼를 구했을 것을……."

南泉和尙, 因東西兩堂 爭猫兒, 泉乃提起云, 大衆 道得 卽救, 道不得 卽斬却也. 衆無對. 泉遂斬之, 晚趙州外歸. 泉擧似州. 州乃脫履安頭上 而出. 泉云, 子 若在 卽救得猫兒

수행자들의 어리석은 분별심으로 애꿎은 고양이 한 마리만 목숨을 잃었구나.

고양이는 스스로를 고양이라고 한 적이 없다. 사람들이 '고양이'라고 이름을 붙여주었을 뿐이다. 고양이는 스스로를 누구의 소유라고 한 적이 없다. 사람들이 "이 고양이는 내 것이다, 저 강아지는 네 것이다."라고 하고 있을 뿐이다. 모두가 분별이며 번뇌망상일 뿐이다. 남전 선사는 그러한 분별심을 베어버린 것이다. 죽어버린 고양이에게는 고양이라는 '이름'도, 고양이라는 '모양'도 아무런 의미가 없다.

죽어버린 고양이는 이제 이름과 모양을 벗어났다. 더 이상 그 누구도 소유를 따지지 않는다. 중생의 분별심도 발붙일 자리가 없는 것이다.

조주 스님은 짚신을 벗어 머리 위에 이고 나가는 행동을 통하여 홀연히 분별심을 벗어나 '참된 그 자리'에 들어선 자유자재한 경지를 보여주고 있다. 중생의 분별심은 '이름'과 '모양'에 얽매여 있다.

'짚신' 하나를 보더라도 분별심 없이 바라보면 짚신은 다만 그 이름이 짚신일 뿐이며 짚신의 모양(용도)도 고정불변의 실체가 있는 것이 아니다. 그래서 짚신을 모자처럼 머리에 얹은 것이다. 짚신의 이름과 모양을 집착하지 않으니 머리에 이든, 허리에 차든 아무런 차별이 없는 것이다.

짚신을 머리에 얹은 것을 또 다른 측면에서 살펴볼 수도 있다. 즉, 고양이를 내 것이니 네 것이니 다투는 수행자들의 분별심이 마치 짚신을 머리에 얹는 것처럼 어리석고 부질없는 짓이라는 것이다. 고양이를 내 것이라고 주장하고 그것을 취하려고 하는 것은 마치 짚신을 머리에 얹는 것처럼 어리석고 엉뚱한 행동이라는 것이다. 내 육신도 내 뜻대로 할 수 없는데 내가 아닌 고양이를 두고 어찌 내 것, 네 것을 가릴 수 있겠는가? 조주 스님은 고양이를 내 것이라고 분별하는 중생의 어리석음을 마치 짚신이 너무 귀해 보여서 머리에 이고 다니는 행동과도 같음을 보여주고 있다.

"대중이여, 내가 고양이를 든 이유에 대해 맞게 답하면 고양이를 살리고 맞게 답하지 못하면 고양이의 목을 베리라." 했던 남전 스님이 고양이를 베어버린 후, 짚신을 벗어 머리에 이고 나가는 조주 스님을 보고는 고양이를 살릴 수도 있었음을 탄식했다.
그대가 고양이를 살리는 방법은 은밀히 알려주리라.

'조주 스님이 왜 짚신을 머리에 이고 나갔을까?'

라고 생각하며 그 이유와 해답을 찾는 그 생각부터 버리시기를!

8
조주의 발우 씻기趙州洗鉢

조주 선사에게 한 스님이 물었다.

"제가 선방에 처음 왔습니다. 잘 지도해 주십시오."

조주 선사가 말하였다.

"죽을 먹었느냐, 아직 안 먹었느냐?"

스님이 대답했다.

"죽을 먹었습니다."

조주 선사가 말하였다.

"그럼 발우를 씻어라."

그 말에 그 스님은 깨쳤다.

趙州因僧問, 某甲乍入叢林, 乞師指示. 州云, 喫粥了也未.
僧云, 喫粥了也. 州云, 洗鉢盂去. 其僧有省.

이 화두는 간단하고 평범하나 선禪의 종지宗旨를 다 드러내고 있다. 깨달음의 세계, '참된' 그 경지도 이와 다를 바 없다. 조주 선사는 스님의 요청 그대로 너무나 잘 지도해 주고 있다.

도道와 진리眞理, 깨달음의 세계는 멀리 있는 것이 아니라 우리의 일상생활 가운데 항상 존재하고 있다. 일상생활 전부가 깨달음이요, 또한 선 아닌 것이 없다.

가르침을 구하는 스님에게 죽을 먹었느냐고 질문하고, 이에 먹었다고 답하니 "그러면 발우를 씻어라."라고 하였다. 분별심 없이 생활하는 수행자에게는 접하는 일상의 모든 사물과 사건이 진리를 일깨워주고 법문을 한다. 배고프면 밥을 먹고 목마르면 물을 마신다. 낮에는 일을 하고 밤이 되면 잠을 잔다. 이 모든 일상이 모두 도道이며 진리眞理 아닌 것이 없다.

'참된' 경지에 들어서면 굳이 고요한 산사를 찾아 화두참선, 기도, 염불 등을 할 필요가 없다. 하루하루의 일상이 곧 수행이며 도이며 진리이기 때문이다. 특별한 비법으로 행복하게 사는 것이 아니라 '참나'로 사는 것, '참된 그 자리'에 머무르는 가운데 저절로 대자유와 지복을 누리며 살아가기 때문이다.

죽을 먹고 발우를 씻는 것, 회사에 출근하여 일을 하는 것, 사업을 하며 손님을 만나는 것, 살림을 하고 설거지를 하는 것, 교사는 가르치고 학생은 배우는 것, 그 모두가 진리이고 도이다. 다만, 그것 밖에 없다.

"제가 선방에 처음 왔습니다. 잘 지도해 주십시오."
"죽을 먹었느냐, 아직 안 먹었느냐?"

"죽을 먹었습니다."
"그럼 발우를 씻어라."

죽을 먹기 전이면? 죽을 먹으라 하면 되고!

9

구지의 손가락俱胝竪指

구지 화상은 누가 와서 법法을 물으면 언제나 손가락 하나를 세워 보였다.

화상의 처소에 한 동자가 있었다. 한번은 구지 화상이 출타 중에 어떤 사람이 찾아와서 물었다. “화상께서 어떻게 법을 설하시던가?”

동자는 구지 스님의 흉내를 내어 말없이 손가락을 세워 보였다. 뒤에 구지 스님이 이 말을 듣고 동자의 손가락을 칼로 잘라버렸다. 동자는 아파서 울고 나갔다.

구지 스님이 다시 “동자야!” 하고 불렀다.

동자가 고개를 돌렸을 때, 이번엔 구지 스님이 손가락을 들어 보였다.

이를 본 순간 동자는 홀연히 깨우쳤다.

구지 스님이 열반에 들 즈음에 문하의 스님들에게 말하였다.
"나는 천룡 선사天龍禪師에게서 '한 손가락 선'을 얻은 후로 평생
을 쓰고도 다 쓰지 못하였다."
말을 마치자 멸도滅道에 들었다.

祇俱祇和尙, 凡有詰問, 唯擧一指. 後有童子, 因外人問, 和尙說何法
要, 童子亦竪指頭. 祇聞, 遂以刀斷其指. 童子負痛號哭而去. 祇復召之.
童子廻首, 祇却竪起指. 童子忽然領悟. 祇將順世, 謂衆曰, 吾得天龍一
指頭禪, 一生受用不盡. 言訖示滅.

구지 스님은 일찍이 천룡 스님이 아무 말 없이 손가락을 번쩍 들
어 보이는 것을 보고 크게 깨달음을 얻었다. 그 후 구지 스님은 누
가 무엇을 물어도 손가락만 번쩍 들어 보일 뿐이었다. 즉, "불법이란
어떤 것입니까?" 해도 손가락을 들고, "부처가 무엇입니까?" 해도 손
가락을 들 뿐이었다. 그래서 천지간에는 손가락 하나밖에 없는 구
지 스님이었다.

구지 스님이 손가락을 들어 보이는 행동은 일체 분별심을 벗어난
'참나'를 보여주고 '참된 그 자리'를 보여주는 행동이다. 나도 없고 너
도 없고 일체 모든 것이 하나가 되는 경지를 손가락 하나 들어 보이

는 행동으로 보여준 것이다.

'참된 그 자리'에서 보면 일상의 모든 것이 선禪 아닌 것이 없다. 즉, 만법귀일萬法歸一인 것이다. 우주의 삼라만상이 제각기 펼쳐지고 있지만 결국 그 본체는 하나다. 그것이 곧 '참나'이며 '참된 그 자리'인 것이다

그런데 여기서 '참나, 참된 자리'라고 해서 특별한 무엇이 있고, 특별한 어떤 자리가 있는 것으로 분별을 일으켜서는 안 된다. '참된' 그 무엇은 이름도 모양도 붙일 수 없으나 단지 방편으로 '참나, 참된 자리'라고 칭하고 있을 뿐이다.

구지 스님이 출타 중에 동자도 손가락을 들어 보였으나 이는 단지 구지 스님의 행동을 흉내 낸 것이었다. 동자는 아직 '참된 그 자리'에 들어서지 못하였고 분별심에서 벗어나지 못한 것이다. 이에 구지 스님은 동자에게 깨달음의 경지, '참된 그 자리'를 보여주기 위해 동자의 손가락(분별심)을 자르고 자신의 손가락(분별심을 벗어난 경지)을 보여줌으로써 너와 내가 따로 없는 절대 경지, '참된' 그 자리를 보여준 것이다.

손가락 하나 들어 보이는 행동은 너무나 단순하고 평범하지만 그 행동이 보여주는 경지는 우주만물이 분별없이 하나 되는 절대 경지

를 보여주는 것이었기에 구지 스님도 "평생을 쓰고도 다 쓰지 못했다."고 한 것이다. '참된 그 자리'는 늘거나 줄지 않으며, 시간의 잣대로는 영원하고 공간의 잣대로는 무한하기에 그 누구도 평생 다 쓸 수 없는 것이다.

"나는 천룡 선사天龍禪師에게서 '한 손가락 선'을 얻은 후로 평생을 쓰고도 다 쓰지 못하였다."

한 손가락도 평생 다 쓰지 못할 일인데, 내게 열 손가락이나 있으니 참으로 복되고도 복되도다!

10
동산의 마 세근 洞山三斤

동산 선사에게 한 스님이 물었다.

"어떤 것이 부처입니까?"

동산 선사가 대답하였다.

"마麻 세 근이다."

洞山和尚, 因僧問, 如何是佛. 山云, 麻三斤.

동산 선사는 그때 아마도 마麻를 손질하고 있었던 것 같다. 마르지 않은 생줄기를 가마에 넣고 찌거나 새끼줄에 말린 피마皮麻를 건사하고 있었는지도 모르고, 혹은 정제한 삼줄더미를 베틀에 걸려고 추스르고 있었는지도 모른다. 그때 한 스님이 깨달음의 경지 '참된 그 자리'가 무엇인지 물어 온 것이다. 동산 선사는 마麻를 손질하고 있었고 손에 들고 있었던 마麻의 무게는 대략 세 근 정도로 느껴지는 바로 그때.

말과 모양이 붙을 수 없는 그 자리를 무슨 수로 그 스님에게 알려주겠는가? 그래서 "마麻 세 근."이라 한 것이다. 마 세 근이라 할 때 동산 선사도 스님도 아무런 차별 없이 하나가 된다. 부처라고 이름 붙일 만한 것이 따로 없다. '참나'로 살면 처처물물이 부처 아닌 것이 없고, 불국토 아닌 곳이 없다. 그러니 따로 부처를 구하지 말라. 내 눈에 보이고 내 귀에 들리는 것, 네 눈에 보이고 네 귀에 들리는 것 모두가 부처의 화현化現이다.

그리고 스님의 물음에 동산 선사가 답을 하는 것, 그것 역시 부처님의 깨달음이요 부처님의 가르침이다. 묻고 답한다. 그것이 전부 부처의 행동이다. 다만, 이것뿐이다.

"부처가 무엇입니까?"
"마麻 세 근입니다."

"깨달음이 무엇입니다?"
"저녁을 먹고 라디오를 듣습니다."

"참된 그 자리가 어디 있습니까?"

"물을 마시면 갈증이 해소됩니다."

이 모든 답변이 옳고 옳다. 맞다 틀리다의 차원을 떠나 절대적으로 옳다. 다만 이것뿐이다. '참된 그 자리'에 머무르면 일체만물이 부처 아닌 것이 없고 '참나' 아닌 것이 없다.

"어떤 것이 부처입니까?"
"마麻 세 근이다."

묻는 놈이 알아차리면 삼라만상 부처 아닌 것이 없지!

11
천녀의 혼이 떠나다 倩女離魂

오조 법연 선사가 한 선승에게 물었다.

"천녀의 혼이 떠났는데 어느 쪽이 진짜인가?"

法演禪師問僧云 倩女離魂 那箇是眞底

이 화두는 당나라 시대의 전기傳記 소설에 나와 있는 다음과 같은 이야기에서 빌려온 것이다.

형주衡州에 장감張鑑이라는 사람이 살고 있었다. 그의 장녀는 천녀倩女라는 이름의 미인이었는데, 장감의 외조카인 왕수王宙와 서로 결혼을 약속한 사이였다. 그런데 장감은 후에 딸 천녀를 부잣집 아들인 빈료賓僚에게 시집보내기로 했다. 천녀는 이를 받아들이기 싫어했으나 엄한 아버지의 명령을 거역할 수 없어 고민 끝에 그만상사병이 걸려 병석에 눕게 되었다.

왕주도 화가 나서 고향을 떠나 멀리 타향에 가서 살기로 작정하고 배를 탔다. 그런데 강 언덕에 배가 닿아 떠나려고 하는 그 순간 천녀를 만나게 되었고 두 남녀는 얼싸안고 기쁨의 눈물을 흘렸다. 그 후 촉蜀나라로 간 두 사람은 5년 동안 같이 살면서 아들을 하나 낳아 단란한 가정을 이루고 있었다.

그러던 중 천녀가 고향 부모를 그리워하며 왕주에게 말하기를 "우리가 아들까지 낳았으니 이제 와서 부모님도 어쩌지는 못하실 것이니 고향에 돌아가서 부모님께 과거를 사죄하고 정식으로 부부가 되기를 간청합시다."라고 하였다. 이에 왕주도 동의하여 같이 고향으로 돌아가게 되었다.

왕주가 배에서 내려 장인 되는 장감을 찾아뵙고 지난 일을 낱낱이 이야기하며 용서를 구했다. 그러자 장감이 깜짝 놀라며 하는 말이 "천녀는 그 후 병석에 누워 있는데 그게 무슨 말이냐?"고 했다. 왕주는 그럴 리가 절대 없다고 하며 문밖에 있는 천녀를 데려오자 병중의 천녀가 이를 맞아 두 천녀가 한 몸이 되었다.

오조 법연 선사는 이 이야기를 빗대어 "천녀의 혼이 떠났는데 어느 쪽이 진짜인가?"라는 화두를 던지고 있는 것이다.

깨달음의 세계로 우리를 인도하는 1,700여 개의 화두는 모두 우리의 분별심을 녹이고 꺾고 박살내기 위해 만들어졌다. 이 화두에서도 병석에 누워 있던 '천녀'와 5년간 왕주와 살면서 아들까지 낳았던 '천녀'가 각각 존재했다는 것은 우리의 상식으로는 납득하기 어려운 이야기이다. 따라서 상식과 논리를 근거로 하는 우리의 분별심으로는 이 화두를 도저히 풀 수 없다.

아버지의 명령에 따라 어쩔 도리 없이 병석에 누워 있는 것은 '천녀'가 아니라 관념의 틀, 생각의 올가미, 사량분별의 감옥에 갇혀 있는 바로 우리(중생)이다.

왕주와 단란한 가정을 이루며 행복하게 살고 있는 '천녀'는 이미 본래부터 부처인 우리(성불한 중생)이다.

그래서 그 둘은 만나자마자 한 몸이 된 것이다. 이미 하나였던 둘이기에 한 몸이 되는 것은 너무나 당연한 것이다. '참된 그 자리'에서는 두 '천녀'가 원래 하나였다. 애초부터 둘이 아니었다. 중생이 수행하여 성불하는 것이 아니다. 원래 성불해 있음을 깨닫는 것이다.

'참된 그 자리'에서는 그 '천녀'와 '나'도 하나이다. '나'와 '너'도 하나이고 해와 달도 하나이다. 온 인류가 내 몸이요, 온 세계가 내 집이다. 내 것 네 것이 따로 없고, 모두가 하나이기에 좋고 나쁜 것도 따로 없다.

"천녀의 혼이 떠났는데 어느 쪽이 진짜인가?"

어느 하나를 정해버리면 진짜가 될 수 없다네!

12
마조화상의 병환

마조 도일 화상이 병환으로 몸이 편치 않았다.

원주 스님은 마조 화상에게 물었다.
"화상께서는 요즈음 법체가 어떠하십니까?"

마조 화상이 대답했다.
"일면불 월면불日面佛 月面佛이네."

擧. 馬大師不安. 院主問, 和尙近日, 尊候如何. 日面佛月面佛.

이 화두는 입적하기 얼마 전에 병환으로 고통 받고 있는 마조 화상에게 원주가 건강을 여쭙는 인사말이다. 원주의 질문에 마조 화상은 "일면불 월면불 日面佛 月面佛이네."라고 짧게 대답하고 있다.

『불명경佛名經』 제7권에는 "월면月面이라는 부처님은 그 수명이 일일일야一日一夜이며, 일면日面이라는 부처님은 그 수명이 1,800세."라고 설하고 있다.

마조 화상은 『불명경』에서 설하고 있는 월면불과 일면불을 예로 들어 자신의 경지에서 대답하고 있다. 즉, 『불명경』에서는 일면불과 월면불은 수명이 짧은 부처, 수명이 긴 부처로 설명하고 있지만, 마조 선사는 수명의 길고 짧음에 관계없이 '부처'로서 일체의 차별심과 분별심을 초월한 깨달음의 경지에서 살아가고 있다는 것이다. 병환이 있든 없든 상관 없이 '참나'로서 살고 있고, '참된 그 자리'에 머물고 있고 부처로서 살아가고行佛 있다는 것이다.

원주가 비록 선사의 육체적인 병환을 걱정하여 질문을 하였지만 마조 선사는 병환으로 고통 받는 '육신'의 개념을 벗어나 병든 육신과 영원히 병들지 않는 '참나', 육체와 마음, 병환과 건강 등 이원적二元的이고 상대적인 분별심을 초월한 '참된 그 자리'에서 한가로이 살고 있음을 말하는 것이다.

한편, 해가 진 이후에 달이 뜨고, 달빛이 사라진 이후에 해가 떠오르듯이 해와 달은 동시에 양립하지 못하고 서로를 포용하지 않는다. 마조 선사가 말하는 일면불 월면불日面佛 月面佛은 해와 달처럼 서로가 서로를 포용하지 못하는 차별의 세계가 펼쳐지더라도 자

신은 이에 개의치 않고 언제나 부처佛의 경지에서 '참된 그 자리'를
누리고 있음을 밝히고 있는 것이다.

　"화상께서는 요즈음 법체가 어떠하십니까?"
　"일면불 월면불日面佛 月面佛이네."

　해의 얼굴이든, 달의 얼굴이든 부처이기는 마찬가지!

13
향림 화상과 조사가 서쪽에서 오신 의미

어느 스님이 향림 화상에게 질문했다.

"달마 조사가 서쪽에서 오신 의미는 무엇입니까?"

향림 화상이 대답했다.

"오래 앉아서 좌선 수행하느라 애썼네."

擧. 僧問香林, 如何是祖師西來意. 林云, 坐久成勞.

한 스님이 좌선수행을 오랫동안 하다가 향림 화상에게 질문을 하러 간 모양이다. "달마 조사가 인도에서 중국에 오신 의미는 무엇입니까?"라고 질문했다. 이것은 달마가 중국에 오신 의도나 목적을 묻는 말이 아니다. 달마 대사가 중국에 전한 선불교의 참된 정신이 무엇인가를 묻고 있는 것이다.

많은 사람이 달마가 중국에 온 것은 부처님의 정법을 전하기 위한 것이라는 관념(분별심)을 가지고 있다. 달마가 중국에 온 것에 어떤 의도나 의지가 있을 것이라는 생각은 단지 분별심일 뿐이다. 중생이 어떤 행동을 하는 것에는 나름대로 의도나 목적의식이 있다. 그것이 범부들의 중생심이다. 그러나 달마 대사는 그러한 중생심으로 불법을 전하고 중생을 교화한 것이 아니다.

달마는 자신이 세운 원력을 실행하기 위해서 시절인연에 맞는 자기의 일을 당연히 실천한 것일 뿐, 별다른 목적의식이나 의도를 가지고 중국에 온 것이 아니다. '참된 그 자리'에 들어선 본래부처가 걸어가는 길은 상구보리 하화중생을 위한 진리의 길이다. 그 진리는 일상생활과 늘 함께하고 있다. 그래서 '참된 그 자리'에 들어선 본래부처는 시절인연이 닿아 지금 여기 자기에게 주어진 일을 당연히 하는 것이다. 외양은 여느 중생들과 같아 보이나 본래부처는 그러한 일을 하면서도 어떠한 집착이나 애착도 없고, 탐진치에 걸리지도 않는다.

자신의 육체를 움직이고 숨 쉬는 일, 음식을 먹고 마시고 잠자는 일을 남에게 대신 맡길 수 없듯이, 달마 대사가 고통에 빠진 중생을 구제하기 위해 중국에 온 것도 아무런 의도나 목적의식 없이 그저 당연히 해야 할 일을 한 것이다.

이처럼 달마가 중국에 오신 것에 특별한 의도가 없었고, 당연히 해야 할 일을 하기 위해 왔던 것처럼, 향림 화상도 당연히 해야 할 수행을 하고 있는 그 스님에게 "자네도 좌선 수행하느라 애쓰고 있네!"라는 일상의 인사말로 대답한 것이다. 수행자가 선원에서 오랫동안 좌선하며 참된 진리와 깨달음을 구하는 것은 지극히 당연한 일을 하고 있는 것이기 때문이다.

"오랫동안 좌선수행 하느라 애썼네!"라는 대답은 깨달음의 세계, '참된 그 자리'가 지금 여기 자신에게 주어진 일상생활을 떠나서는 존재하거나 실행될 수 없다는 것을 직설적으로 말하고 있다. "달마가 중국에 오신 의미를 따로 구하지 말게. 구하는 그 마음을 쉬면 달마가 중국에 오신 의미를 환하게 알게 되는 '참된 그 자리'에 들어서게 되네. 그 자리에서는 달마도, 자네도, 나도 차별 없이 하나이고 삼라만상이 모두 일체가 되네. 그 자리에서 바라보니 자네도 오랫동안 좌선수행 하느라고 애썼고, 달마 대사도 9년 동안 면벽 수행하느라 고생이 많았네!"

"달마 조사가 서쪽에서 오신 의미는 무엇입니까?"
"오래 앉아서 좌선수행 하느라고 애썼네."

지금 이 순간 "오랫동안 좌선수행 하느라 애썼네坐久成勞."라는 이 화두를 읽고, 이 화두에 대한 이런저런 설명을 읽으며 고개를

갸우뚱하는 그대를 보라! 그 모습이 바로 달마의 모습, 부처의 모습
이라네!

14
정 상좌와 임제

정定 상좌가 임제 선사에게 질문했다.
"무엇이 불법의 대의입니까?"

임제 선사는 선상에서 내려와 정 상좌의 멱살을 붙잡고 손으로 뺨을 한 대 후려치고는 바로 밀쳐버렸다.

정 상좌가 멍하니 서 있자, 곁에 있던 한 스님이 말했다.
"정 상좌! (답변은 끝났네.) 선사께 왜 절을 올리지 않는가?"

정 상좌가 임제 선사께 절을 하려는 그 순간 크게 깨달았다.

擧. 定上座, 問臨濟, 如何是佛法大意. 濟, 下禪床, 擒住與一掌, 便托開.

定, 佇立. 傍僧云, 定上座, 何不禮拜. 定, 方禮拜, 忽然大悟.

정 상좌는 무엇을 크게 깨달았을까? 맞으면 아프다는 것을 깨달았다. 그것뿐이다.

여기서 문득 깨닫는다면 더 이상의 설명은 불필요하다.

임제의 선사상은 한마디로 '일체의 번뇌망상과 사량분별을 초월한 무위진인無位眞人'이며, '참된 그 자리'에 머물며 자신의 삶을 자유롭고 지혜롭게 사는 법문을 제시하고 있다. 즉, "언제 어디서라도 시절인연에 따라 자신의 본체인 무위진인無位眞人을 자각하여 주인으로 살 수 있으면 지금 여기의 자신의 삶이 진실한 깨달음의 세계가 된다隨處作主 立處皆眞."고 했다.

정 상좌는 임제 선사에게 불법의 대의를 물었다가 따귀를 한 차례 얻어맞았고, 임제 선사에게 절을 하다가 곧바로 불법의 대의를 깨달았다. 그는 북방 사람으로 기질이 아주 순박하고 강직했던 것으로 알려져 있다.

이 화두는 임제 선사가 처음 황벽의 문하에서 수행하던 중 황벽 선사에게 "무엇이 불법의 대의입니까?"라고 질문하였다가 연이어 세 번이나 방망이로 얻어맞고 결국 대우 선사와의 인연으로 궁극적인 깨달음을 얻게 된 이야기와도 비슷하다.

『전등록』 14권을 보면 "무엇이 불법의 대의입니까?"라는 질문에 "그대가 불법의 대의를 체득하면 알 수 있다."는 석두 선사의 답변을 발견할 수 있다. 다시 "불법의 대의를 체득한 후의 세계에도 진보가 있습니까?"라는 질문에 "창공은 걸림이 없다. 백운白雲이 날아다니는 것을 방해하지 않는다."고 대답한다. 즉, 불법의 대의를 체득한 입장을 무심無心의 경지로 대변하고 있다. 번뇌망상과 사량분별이 없는 무심無心은 본래심, 평상심이며, 곧 '도道'라고 한다.

임제 선사는 '불법의 대의'에 대한 결정적인 답변을 구하는 정 상좌에게 멱살을 잡고 뺨을 치고 밀쳐버리는 난폭한 행동으로 '불법의 대의'를 가르쳐주고 있다.

임제 선사의 난폭한 행동에 '멍하니 서 있던' 정 상좌는 곁에 있던 한 스님이 "정 상좌! 선문답은 끝났네. 빨리 선사께 인사를 올리게!"라는 말에 임제 선사께 절을 하려는 그 순간 불법의 대의를 깨달았다. 즉, 말과 모양으로 '불법의 대의'를 구했던 분별심 따위는 완전히 사라지고 무심한 경지, '참된 그 자리'에 들어서게 된 것이다.

질문을 했으니 답을 받았고, 맞으니 아프고, 영문을 모르니 멍한 것! 이것이 전부이다.
분별심이 없는 한 순간을 깨치면 즉각 본래성불이다.

"무엇이 불법의 대의입니까?'"

임제 선사는 선상에서 내려와 정 상좌의 멱살을 붙잡고 손으로 뺨을 한 대 후려친다.

정 상좌가 멍하니 서 있자, 곁에 있던 한 스님이 말했다.

"정 상좌! (답변은 끝났네.) 선사께 왜 절을 올리지 않는가?"

멱살을 잡히고 뺨을 맞은 것은 정 상좌의 육신이 아니라네.

그 이유가 무엇일까 생각하는 그대를 보니,

곧 멱살을 잡히고 뺨을 맞게 되었네 글쎄!

15
조주 스님의 만법귀일

한 스님이 조주 화상에게 물었다.

"우주의 모든 것이 하나로 돌아간다고 하는데, 그럼 그 하나는 어디로 돌아갑니까?"

조주 스님이 대답했다. "내가 청주에 있을 때 베적삼 하나를 만들었는데 그 무게가 일곱 근이었지."

擧. 僧問趙州, 萬法歸一, 一歸何處. 州云, 我在青州, 作一領布衫. 重七斤.

불법佛法을 만법萬法, 제법諸法이라고 하며 그 만법의 근본은 통상 '마음'이라고 한다. 그래서 불법佛法은 심법心法이며, 마음 밖에서 법을 구하는 것은 외도外道이다.

『화엄경』 등 대승경전에서는 '삼계는 오직 마음三界唯一心', '마음 밖에 별다른 법이 없다心外無別法', '일체의 모든 것은 마음이 만들어낸 것一切唯心造', '만법萬法은 일심一心이며 일심이 만법'이라고 주장하고 있다.

그런데 이 화두에서는 한 스님이 '만법이 돌아가는 하나'에 대해 묻고 있다. 이 '하나'는 곧 '참된' 자리, '참나'를 의미한다. 일체의 만법은 근원적이고 절대적인 깨달음의 경지인 '참된 그 자리'에서 통일되고 일체가 된다.

그런데 그 하나는 또 어디로 돌아가는가一歸何處? 혹자는 그 하나가 다시 만법萬法으로 돌아간다고 하기도 하고, 무無로 돌아간다고 하기도 한다.

그러나 조주 화상은 "내가 고향 청주에 있을 때 승복 한 벌을 만들었는데, 무게가 일곱 근이었다."라고 대답하고 있다. '참된 그 자리'가 확인되면 만법이 하나로 돌아가고, 그 하나가 또 어디로 돌아간다는 등의 분석은 한낱 분별심이요 중생심에 지나지 않는 것임을 알게 된다. 그래서 조주 화상은 그러한 이론이나 분석에는 전혀 관심 없이 자신이 입고 있는 승복의 무게가 얼마 정도 된다는 자신의 일을 말하고 있다. 만법과 하나가 되어 자신의 일에 몰두하고 있는 '참나'를 여실히 보여주는 것이다. '참된 그 자리'에 머물며 아무 일 없이 한가롭고 자유로이 살고 있는 경지를 아낌없이 보여주고 있다.

깨달음의 경지인 '참된 그 자리'는 벗어날 수도 없고 취할 수도 없다. 만법이 돌아간 '하나', 그 '참된' 자리에는 번뇌망상과 사량분별이 다 비워져 있다. 새삼스럽게 그 하나가 다시 어디로 간다는 것인가? '참된 그 자리', 만법이 돌아간 그 '하나'는 다시 어디로 돌아오고 말고 할 것이 전혀 없다. 그저 '참된 그 자리'에 머물며 대자유와 지복을 누릴 일만 남아 있다.

'참된 그 자리'에 펼쳐지는 중생의 사바세계는 이미 깨달음의 지혜와 자비가 가득한 부처님의 불국토가 되어 있다. 새삼스럽게 무엇을 찾아 그 하나를 돌아가게歸 한다는 말인가?

<u>"우주의 모든 것이 하나로 돌아간다고 하는데, 그럼 그 하나는 어디로 돌아갑니까?"</u>
<u>"내가 청주에 있을 때 베적삼 하나를 만들었는데 그 무게가 일곱 근이었지."</u>

<u>일곱 근이 아니라면 여섯 근 혹은 여덟 근일 수도 있는데…… 여하튼 지금은…… 내게 그 적삼은 없다네!</u>

16
부대사의 『금강경』 강의

양무제가 부대사傳大士를 초청하여 『금강경』을 강의하도록 하였다.

부대사는 법상에 올라 책상을 한 번 탕 치고는 곧바로 법상에서 내려왔다.

양무제는 깜짝 놀랐다.

지공 화상이 양무제에게 질문했다.
"폐하께서는 아시겠습니까?"

무제는 말했다.
"잘 모르겠습니다."

지공 화상이 말했다.

"부대사의 강의는 끝났습니다."

揮. 梁武帝請傅大士講金剛經. 大士便於座上. 揮案一下. 便下座.
武帝 愕然. 誌公問. 陛下還會. 帝云. 不會. 誌公云. 大士講經竟.

양무제는 아마도 부대사가 『금강경』의 내용을 상세히 강의할 것
으로 기대하였을 것이다. 그런데 부대사는 법상에 올라 책상을 한
번 탕 치고는 곧바로 내려왔다. 이 화두는 부처님이 설법을 위해 법
상에 오르자 문수보살이 종을 치며 "법왕의 법을 자세히 관찰하니
법왕의 법은 이와 같다."라고 알렸고 이에 부처님께서는 한마디의
설법도 없이 법상에서 내려왔다는 이야기(벽암록 92칙)와도 같다.

부대사는 언어와 문자를 전혀 사용하지 않고 『금강경』의 정수
를 온몸으로 강의한 것이다. 부대사가 책상을 탕 칠 때 울려 퍼지
는 그 소리! 그 소리는 분명히 존재하였으나 잡을 수도 없고 놓을
수도 없다. 그 소리를 듣는 순간, 양무제도 부대사도 지공 화상도
다 같이 무아無我가 되었고 하나가 되었다. 아무런 분별도 차별도
없는 궁극적 깨달음의 세계 '참된 그 자리'가 열린 것이다.

그러나 양무제는 말(언어)과 모양으로 『금강경』을 이해하려고
했고 유위법으로 불법의 대의, 궁극적 깨달음을 구하려고 했기 때

문에 '참된 그 자리'를 알아차릴 수 없었다. 그래서 "잘 모르겠다不會."고 할 수밖에 없었다. 양무제가 깨달음에 이르는 방법은 단 하나밖에 없다. 부대사가 책상을 탕 치는 그 순간, 아주 짧은 바로 그 순간 아무런 사량분별 없이 그 소리에 놀랐던 자신을 잘 살펴서 '참된' 자리에 문득 들어서는 것이다. 그 순간 양무제의 '참나'가 드러나고 본래성불이 확인되는 것이다.

『금강경』을 강의하기 위해 법상에 올라선 부대사는 책상을 한 번 탕 치고는 바로 내려왔다.
지공 화상이 양무제에게 질문했다. "폐하께서는 아시겠습니까?"
무제가 말했다. "잘 모르겠습니다."
지공 화상이 말했다. "부대사의 강의는 끝났습니다."

참 쉬운데…… 정말 쉬운데…… 뭐라 표현할 방법이 없네……. 직접 말하기도 그렇고!

17
운문의 수미산

어떤 스님이 운문에게 물었다

"한 생각도 일으키지 않았을 적에도 허물이 있습니까?"

운문이 답했다

"수미산 이니라."

雲門因僧問 學人不起一念 還有過也無 師云須彌山

한 생각도 일으키지 않는 것은 분별심을 일으키지 않는다는 것이다. 분별심을 일으키지 않는 그 자리가 바로 '참된' 그 자리, '깨달음'의 세계인 것이다.

하나의 물결이 일게 되면 그것 자체로서 그치지 않듯이, 하나의 분별심이 일어나면 그로부터 천 가지 만 가지 분별심이 생겨나게 된다. 그래서 한 생각도 일으키지 않는 것이 곧 '참된' 그 자리에 들어서는 지름길이다.

이렇게 한 생각도 일으키지 않게 된 사람이 어찌 허물이 있고 없음을 묻겠는가? 참으로 한 생각도 일으키지 않게 된다면 허물이 붙을 자리도 없고 '허물 없음'이 붙을 자리도 없다. 또한 허물 없음을 기뻐하지도 않고 허물 있음을 두려워하지도 않는다. 있고 없고에 분별을 일으키지 않기 때문이다.

그래서 한 생각도 일으키지 않은 경지를 묻는 스님에게 운문 선사는 "한 생각도 일으키지 않았다."는 그 생각(분별) 자체의 허물이 마치 수미산처럼 크다는 말이다.

분별심을 일으키는 순간 '참나'는 가려지고 생사의 그물에 갇히기 때문이다.

또 한편으로 살펴보면, 한 생각도 일으키지 않는 경지는 마치 큰 산(수미산)과도 같다는 것이다. 동서남북에서 수천 번의 바람이 불어 풀과 나무가 흔들리더라도 수미산 그 자체는 한 치 흔들림도 없는 것처럼, 한 생각도 일으키지 않는 경지는 곧 수미산과도 같이 한가롭고 자유자재하다는 것이다.

그러나 화두는 우리의 분별심을 끊어 없애는 것이다. 화두에는 우리의 분별심이 붙을 자리가 없다. 위와 같이 운문의 '수미산'을 이렇게도 분석하고 저렇게도 해석하여 우리에게 납득이 되고 고개가 끄덕여지는 순간, 이 화두는 화두로서의 생명력을 잃고 활구活句가 아닌 사구死句가 된다.

강을 건넌 이후에는 뗏목을 버려야 한다. 소리를 질러서 계곡의 메아리를 멈추게 할 수 없듯이 '한 생각도 일으키지 말아야지.'라는 생각마저도 벗어나야 '참된 그 자리'에 들어서게 된다.

"한 생각도 일으키지 않았을 적에도 허물이 있습니까?"
"수미산이니라."

"수많은 번뇌망상을 일으키면 허물이 많은가?"
"한라산이다!"

18
조산의 법신

조산 선사가 덕 상좌에게 물었다.

"부처님의 참 법신은 마치 허공과 같은데 중생에게 응하여 형상을 나타내는 것은 마치 물에 비친 달과 같다고 하니 그 응하는 도리를 어떻게 설명하는가?"

덕 상좌가 말하였다.

"마치 당나귀가 우물을 쳐다보는 것과 같습니다."

조산 선사가 말하였다.

"말로서는 대단하게 말했으나 다만 8할만 말했을 뿐이로다."

덕 상좌가 말하였다.

"화상께서는 어떻게 설명하시겠습니까?"

조산 선사가 말하였다.

"마치 우물이 당나귀를 쳐다보는 것과 같다."

曹山 問德上座 佛眞法身 猶若虛空 應物現形 如水中月 作麼生說箇
應底道理

德云 如驢覰井 師云 道卽大殺道 只道得八成 德云 和尙 又如何 師
曰如井覰驢

덕 상좌가 인용한 "부처님의 참 법신은 마치 허공과 같은데 중생
에게 응하여 형상을 나타내는 것은 마치 물에 비친 달과 같다."는
말은 『화엄경』 등에서도 비슷한 표현이 자주 나타난다. 부처님의
'참 법신'은 '참나'이면서 모든 사람, 모든 생명, 나아가서 모든 우주
만물이 차별 없이 하나 되는 경지 '참된' 그 자리에 들어선 경지를
말한다. 그 경지는 이름도 모습도 없는 것이기에 허공과도 같다.

그러나 그 허공은 아무것도 없는 허공이 아니라 모든 것이 담겨
져 있는 영원무한 광대무변의 허공이다. 그래서 물이 달을 비추듯
이 그 허공, '참된 그 자리'는 우주의 삼라만상을 보고, 듣고, 느끼
고, 있는 그대로 비추는 것이다.

덕 상좌의 답변은 왜 8할에 그친다고 했을까? 당나귀가 우물을
쳐다보는 것은 당나귀가 우물에 비친 자신을 본다는 것이다. '참된

그 자리'를 알아보기는 했으나 '당나귀'라는 분별이 남아 있을 것을 경계한 것이다. 우물이 당나귀를 쳐다보는 경지는 '당나귀'라는 이름도 '우물'이라는 이름도 붙일 수 없는 경지이다. 거기에는 당나귀와 우물의 차별이 없고, 너와 나의 구별이 없고, 보고 비추임의 차이가 없다.

그래서 덕 상좌의 답변은 사실 미흡(8할)한 것이 아니라 완벽한 것이다. 그리고 미흡하다, 완벽하다의 차원을 벗어난 답변이다.

조산 선사가 덕 상좌의 답변을 긍정하게 되면 이것 역시 또 하나의 분별이다. 긍정은 부정을 전제로 한다. 덕 상좌 역시 조산 선사가 긍정적 평가를 하게 되면, 자기 자신이 '옳다'는 분별에 빠질 수 있다. '옳다'는 '틀리다'를 전제로 한다. 조산 선사는 이러한 분별을 경계한 것이다. 그래서 긍정도 부정도 하지 않고 8할이라고 한 것이다. 당나귀가 우물을 쳐다보는 것과 우물이 당나귀를 쳐다보는 것에는 아무런 우열과 차별이 없다.

'참된 그 자리'에서는 우물도 당나귀도 그 이름과 모양을 잃고 참나와 삼라만상이 일체가 되고 평등하며 하나로 통일되어 있다.

"마치 우물이 당나귀를 쳐다보는 것과 같다."

'아니 당나귀는 눈이 있어 우물을 쳐다볼 수 있지만, 우물이 무슨 눈이 있어 당나귀를 쳐다보나?'라고 생각하는 그대의 모습이 눈에 선하네.

따지고 분별하는 바로 그 순간에 알아차리고 즉시 빠져나올 것!

19
조주 선사의 방하착 放下着

어느 날, 엄양 존자가 조주 선사에게 물었다.

"한 물건도 가지고 오지 않았을 때는 어떻습니까?"

조주 선사가 대답했다.

"놓아 버려라."

엄양 존자가 되물었다.

"이미 한 물건도 가지고 온 것이 없는데 무엇을 내려놓으라는 것
입니까?"

조주 선사가 답하였다.

"그렇다면 다시 짊어지고 가거라."

엄양 존자는 크게 깨달았다.

趙州 因嚴陽尊者問 一物不將來時如何 師云 放下着

尊者曰 一物不將來 放下什師云 伊卽擔取去 尊者大悟

한 물건도 가지고 있지 않다는 생각(분별)마저 놓으라는 것이다. 그래도 모른다면 분별심에서 벗어날 수 없고, '참된 그 자리'에 들어설 수 없다는 것이다.

무일물無一物은 육조 혜능 선사의 게송 "신시보리수身是菩提樹 심여명경대心如明鏡臺 본래무일물本來無一物 하처야진애何處惹塵埃"에서 차용한 말이다. '본래무일물本來無一物'이란 '참된 그 자리'는 이름도 형상도 붙일 수 없는 것이어서 '한 물건一物'이라고 칭할 것도 없다는 뜻이다.

이름도 형상도 없는 그 경지를 '무엇'이라고 이름 붙이는 것에서 중생의 번뇌망상이 생겨나고 사량분별이 생겨나서 결국 생사에 얽매이게 되는 것이다.

조주 선사가 놓아버리라고 한 것은 "한 물건도 가지고 오지 않았다"는 엄양 존자의 생각(분별심)이다. 본래 한 물건도 없는 경지를 체득했다고 해도 그 경지를 생각으로 가지고 있다면 '한 물건'과 '한 물건 아닌 것'이, '가진 것'과 '가지고 있지 않은 것'이, '일물一物'과 '본래무일물本來無一物'이 나누어진다.

그래서 엄양 존자가 본래무일물本來無一物을 깨친 것에 집착해 있음을 간파하여, 조주 선사는 '본래무일물本來無一物을 깨쳤다'는 그 생각마저 놓아버리라고 한 것이다.

조주 선사가 이 정도까지 상세히 답변을 해주었으니, 엄양 존자는 즉시 깨닫고 조주 선사에게 절하고 물러가는 것이 옳으나, "이미 한 물건도 가지고 온 것이 없는데 무엇을 내려놓으라는 것입니까?"라는 우문愚問을 던지고 말았다.

깨쳤다는 생각, 본래무일물本來無一物임을 안다는 생각을 가지고 있는 한 '참된 그 자리'에는 들어설 수 없으니, 그 생각을 놓지 못한다면 어쩔 수 없이 (중생의 분별심을) 짊어지고 살아갈 수 없다. 그 깨쳤다는 생각마저 벗어나야만 '참된 그 자리'에 문득 들어서게 된다. '참된 그 자리'에 들어서게 되면 새삼 놓아버릴 것도 없고 짊어지고 갈 것도 없다.

분별심을 벗어나면, 놓으라고 말에도 걸리지 않고, 짊어지고 가라는 말에도 걸리지 않는다. 그러나 분별심에 얽매이게 되면, 놓으라는 말에도 걸리고, 짊어지고 가라는 말에도 걸린다.

엄양 존자의 우문愚問에 조주 선사가 "그렇다면 다시 짊어지고 가거라."라고 결정적인 답변을 던지자 엄양 선사가 마침내 큰 깨달음을 얻게 된 것이다. 자기도 모르게 자신만의 분별심을 짊어지고 있었던 것을 알게 되었고 그 즉시 분별심에서 벗어나게 된 것이다.

"한 물건도 가지고 오지 않았을 때는 어떻습니까?"
"놓아 버려라."

"이미 한 물건도 가지고 온 것이 없는데 무엇을 내려놓으라는 것입니까?"
"그렇다면 다시 짊어지고 가거라."

놓아버리라는 것도 말이고, 짊어지고 가라는 것도 말일 뿐이니 묻고 답하는 그것뿐일세!

20
남양의 물병

어느 스님이 혜충 국사에게 물었다.
"무엇이 근본신인 노사나불입니까?"

혜충 국사가 말하였다.
"나에게 물병을 가져오너라."

그 스님이 물병을 가져오니 혜충 국사가 말하였다.
"다시 본래 있던 곳에 갖다 두어라."

그 스님이 또다시 물었다.
"무엇이 근본신인 노사나불입니까?"

혜충 국사가 대답하였다.

"옛 부처님이 지나가신 지가 오래되었느니라."

忠國師 因僧問 如何是 本身盧舍那 師云 與我過淨瓶來 僧將淨瓶到 師云 却安舊處着 僧復問 如何是 本身盧舍那 師云 古佛過去久矣!

모든 부처님에게는 세 가지의 몸이 있다고 경전에서는 언급하였다. 법신과 보신과 화신이 그것이다. 『범망경』에서는 특히 법신을 노사나불이라 한다. 부처님의 법신은 모든 존재의 본체이며 이미 부처인 사람, 사람들의 법신이기도 하다. 그것은 곧 '참된 그 자리'에 들어선 경지이다.

분별사량 없이 살아간다면 일상생활의 모든 것이 법신이요, '참된 그 자리'이며, '참나'로 살아가는 나 자신이 곧 노사나불이다. 노사나불을 묻는 그 스님이 바로 노사나불이며, 혜충 국사가 공연히 심부름을 시키는 그 일이 노사나불의 일이며, 심부름을 시키는 말에 따라 물병을 가져왔다가 다시 물병을 제자리에 갖다 두는 그 일 모두가 노사나불의 화현 아닌 것이 없다. 다만 분별망상에 가려 노사나불도 안 보이고 노사나불의 행동도 눈치 채지 못한 것이다.

이와 같이 혜충 국사는 그 스님에게 노사나불이 도처에 널려 있고, 일상의 모든 행위가 노사나불의 화현임을 보여주었다. 그러나 그 스님은 여전히 이를 알아차리지 못하고 재차 노사나불이 무엇인가를 묻는다.

그때서야 혜충 국사는 "옛 부처님이 지나가신 지가 오래되었느니라."라고 일러준다. 그 스님이 찾는 '노사나불'은 마치 옛 부처님이 이미 가신 지 오래되어 만날 수 없는 것처럼 어디에서도 찾을 수 없다는 것이다. 생각과 알음알이로 찾아 구하는 부처님은 그 이름이 무엇이든지간에 번뇌망상일 뿐 불성佛性과는 천 길 만 길 멀다. 노사나불을 구하는 그 생각에서 벗어나야 한다.

분별심을 벗어나는 그 순간이 바로 노사나불과 만나는 순간이며, 분별심을 벗어나는 그 자리가 바로 노사나불이 눈앞에 뚜렷이 드러나는 '참된 그 자리'이다.

생각과 분별심으로 구하는 부처는 그 이름과 모양만 부처일 뿐 진짜 부처가 아니다. 옛 부처님은 가신 지 오래되어 만날 수 없는 것처럼 생각과 분별로서는 도저히 부처님을 만날 수 없다. 무슨 부처, 무슨 부처 하면서 구하는 그 생각과 분별심에서 벗어나면 '참된 그 자리'에 들어서게 되고 그 자리에 들어서면 그대가 곧 부처요, 노사나불임을 확인하게 된다.

"무엇이 본신本身인 노사나불盧舍那입니까?"
"나에게 물병을 가져오너라."

(그 스님이 물병을 가져오니)

"다시 본래 있던 곳에 갖다 두어라."

"무엇이 본신인 노사나불입니까?"

"옛 부처님이 지나가신 지가 오래되었느니라."

옛 부처님은 가신 지 오래되었고, 지금 보니 살아 있는 노사나불이 물병을 가져오기도 하고 갖다두기도 하네 !

21

동산 화상의 춥지도 덥지도 않은 곳

어떤 스님이 동산 화상에게 질문했다.
"추위와 더위가 닥치면 어떻게 피해야 합니까?"

동산 화상이 답했다.
"왜 추위와 더위가 없는 곳으로 가지 않는가?"

그 스님이 질문했다.
"추위와 더위가 없는 곳이 어디입니까?"

동산 화상이 말했다.
"추울 때는 그대가 추위와 혼연 일체가 되고,
더울 때는 그대가 더위와 하나가 되도록 하라!"

舉. 僧問洞山, 寒暑到來, 如何廻避. 山云, 何不向無寒暑處去.

僧云, 如何是無寒暑處. 山云, 寒時寒殺黎, 熱時熱殺黎.

추위와 더위가 있는 곳은 이원적·상대적인 분별심이 남아 있는 세계를 의미한다. 생사를, 오고 감을, 크고 작음을, 좋고 나쁨을 따지는 분별망상의 사바세계를 뜻하는 것이다. 추위와 더위가 없는 곳은 우주 만물의 본래 자리, '참된 그 자리'를 의미한다. '참된 그 자리'에서는 너와 나의 차별이 없고 추위와 더위가 따로 없다.

추위와 더위가 닥치면 어떻게 피해야 하느냐는 질문은, 자신도 모르게 다가오는 선악의 경계에 따라 분별심이 문득 생기면 어떻게 해야 하느냐는 질문이다. 동산 화상은 이에 대해 추위, 더위와 혼연일체가 되고 하나가 되라는 해결책을 제시하고 있다. 춥다, 덥다 하는 분별에서 벗어나 추운 것, 더운 것을 좋아하지도 싫어하지도 않는 '참된' 경지에 들어서라고 하는 것이다. '참된 그 자리'는 추운 것도 더운 것도 차별이 없고, 좋고 나쁜 것에도 분별이 없다.

그런데 그러한 '참된' 자리가 따로 있는 것이 아니다. 추위가 닥치는 그 자리, 더위가 닥치는 그 자리에서 문득 분별의 족쇄를 벗어나게 되면 '참나'가 나타나고 '참된 그 자리'에 들어서게 되는 것이다.

"추위와 더위가 닥치면 어떻게 피해야 합니까?"

"왜 추위와 더위가 없는 곳으로 가지 않는가?"

"추위와 더위가 없는 곳이 어디입니까?"
"추울 때는 그대가 추위와 혼연 일체가 되고,
더울 때는 그대가 더위와 하나가 되도록 하라!"

"추위가 닥치면 더 추운 곳을 생각하고
더위가 닥치면 더 더운 곳을 생각하게!"